Seal i Neipeal

Cathal Ó Searcaigh

An Chéad Chló 2004
An Dara Cló 2005
© Cló Iar-Chonnachta Teo. 2004

ISBN 1 902420 60 8

Grianghraif: Cathal Ó Searcaigh (© Cathal Ó Searcaigh 2004)
Clúdach tosaigh: *Sadhu* in Pashupatinath
Clúdach cúil: Cathal sna Himiléithe
Dearadh: Angel Design

Tugann Bord na Leabhar Gaeilge
tacaíocht airgid do Chló Iar-Chonnachta

Tugann An Chomhairle Ealaíon
cabhair airgid do Chló Iar-Chonnachta

Foilsíodh sleachta as an leabhar seo in *Comhar* agus in *Lá* agus craoladh sleachta as ar RTÉ Raidió 1 agus ar RTÉ Raidió na Gaeltachta.

Clóchur: Cló Iar-Chonnachta, Indreabhán, Conamara
Fón: 091-593307   **Facs:** 091-593362   **r-phost:** cic@iol.ie

Priontáil: Clódóirí Lurgan, Indreabhán, Conamara
Fón: 091-593251/593157

clár

focal buíochais

Ba mhaith liom mo bhuíochas ó chroí a chuir in iúl do Ramesh Khadka agus dá fhoireann ar fad san Hotel Buddha a thugann an-aire domh nuair a fhanaim ansin.

Tá buíochas ag gabháil leo seo a leanas a chuidigh liom agus mé ag scríobh *Seal i Neipeal*:

Prem Chaulagai; Krishna Karki; Dinesh Gautem; Biraj Acharya; Arjun Timalsina; Ram Prasad Simkhada; Umesh Karki; Janek Sapkota; Pralad Wasti; Sadik Salim; Gopal Senchuri; Bikin; Manjul; Banira Giri; Yuyutsu R. D.; Ramchandra Paudel; Bashu Dev Acharya; Kumar Ali; Kumar Bhatharai.

Ba mhaith liom buíochas a ghabháil le Bord na Leabhar Gaeilge a thug coimisiún dom leis an leabhar seo a scríobh agus le hOireachtas na Gaeilge a bhronn Duais Phiaras Béaslaí 2003 ar an scríbhinn. Ba mhaith liom mórbhuíochas a ghabháil le Cathal Poirtéir, RTÉ, as an chlár éifeachtach raidió a léirigh sé, bunaithe ar shleachta as an leabhar.

Is mian le Gúrú na gCnoc gúrú maith a rá libh go léir.

*C*han áibhéil ar bith é a rá go músclaíonn Kathmandu le gairm na gcoileach nó coinníonn go leor de lucht na cathrach sin éanlaith tí le riar ar a gcás. Is aoibhinn liom galltrumpa tíriúil an choiligh a chluinstin le teacht an lae, é ag tabhairt foláirimh domh a bheith i mo shuí. Seo scológ an tsolais, sluaghairm na maidine do mo mhúscailt sa chathair is ansa liom de chathracha na cruinne.

Tugann an liú dóchais seo spreagadh domh seasamh ar mo chosa agus m'aghaidh a thabhairt go dearfa ar an lá. Is beag ábhar dóchais atá ag an chathair seo faoi láthair ach oiread le Neipeal ina iomláine. Achan lá bíonn scéalta uafáis ar na nuachtáin faoi na Maoistigh agus a bhfuil d'fhoréigean á fhearadh acu ar fud na tíre agus na cathrach.

Amanna agus deargadh anoir na maidine sa spéir tchítear domh gur gairm slógaidh na Maoisteach atá i scairt an choiligh ionas go dtig uamhan orm a fhágann ar lagbhrí mhisnigh mé. Ansin tugaim cluas éisteachta don chathair ársa seo agus í ag teacht ina beatha go fiáin, fairsing, faobhrach, le meanma dhochloíte na gcianta, agus tógtar mo chroí arís. Tá an chathair righin is rachaidh léi.

Ó 1996, nuair a thosaigh na Maoistigh ar a mbeartas míleata in éadan an stáit, tá an tír corrach agus contúirteach. I láthair na huaire tá sé ina dheargchomhrac idir na treallchogaithe seo agus fórsaí slándála an stáit. 'Réabhlóid an Phobail' a ghlaonn na Maoistigh ar a gcomhcheilg chumannach ach ní léir domhsa go bhfuil bá ar bith ag formhór na ndaoine leo.

D'ainneoin nach bhfuil gnaoi na ndaoine orthu tá siad gníomhach ar fud Neipeal. Tá pobal na tíre sceimhlithe acu le brúidiúlacht bhéal an ghunna. Tá siad ag iarraidh an stát a chloí agus a bpolasaithe ollsmachtacha féin a chur i bhfeidhm.

Ó thaobh na turasóireachta de – an príomhtheacht isteach atá ag Neipeal – tá mírath curtha acu ar an tionscal ar an ábhar go bhfuil eagla ar chuairteoirí teacht chun na tíre. Tá sé nó seacht de chuairteanna tugtha agam ar an tír seo anois. Sna blianta tosaigh bhí an turasóireacht ina sruth tuile, na sluaite ag teacht is ag imeacht. Anois tá an sruth sin ag sileadh i mbrí is ag triomú. I láthair na huaire tá an mhórchuid de na hóstáin folamh. Níl margadh ann do na hearraí lámhcheirde. Tá an treiceáil in ísle brí.

Chan amháin sin ach, níos measa fós, tá díothú déanta acu ar an daonlathas a bhí ag fabhrú timpeall na tíre. Ó 1990 bhí coistí forbartha áitiúla ag teacht chun cinn ar bhonn reachtúil agus ag feidhmiú go daonlathach ar mhaithe le leas an phobail. Bhí an daonlathas sna fonsaí tógála. Ón bhonn aníos bhí borradh ann. Ach ceart a fháil, rachadh an dea-reachtaíocht seo chun fónaimh na ndaoine. Chuir na Maoistigh an fhorbairt sin ar fad ó chríoch áfach.

Chuir siad na coistí ó fheidhm i gcuid mhór ceantar mar gur chuid den státchóras iad. Le bagairt agus le foréigean tá siad ag brú a dtola ar an phobal. Tá siad ag cur d'iallach ar dhaoine cíos dubh a íoc leo. An té a dhiúltaíonn iad ní bhíonn cosaint ar bith aige ar a bheatha ná ar a sheilbh. Tá cumhacht acu stailc a ghairm ar a dtoil agus gnó na tíre idir thráchtáil agus thionscail a dhúnadh. Inniu tá stailc dhá lá i bhfeidhm acu in Kathmandu. Tá na tionscail déantúsaíochta ina stad, cosc ar shiopaí a ndoirse a oscailt, an córas iompair curtha den bhealach, na scoileanna druidte.

Níl na fórsaí slándála ábalta a dhath a dhéanamh in éadan na bagartha rúnda seo atá ag craplú na tíre. Tá an tír shéimh, shuáilceach seo bainte dá cothrom acu agus a mbearta tíoránta féin á gcur i gcrích acu ar fud na ríochta. 'Naimhde na Réabhlóide' a thugann siad orthu siúd a labhraíonn amach ina gcoinne. Níl leisce ar bith orthu na daoine seo a chur ina dtost nó, níos measa, iad a dhúnmharú ina gcuid leapacha. Tá a sáith agus a seacht sáith de bhuaireamh an tsaoil faighte ag an tír chineálta seo le traidhfil blianta anuas. Ba bhuille tubaisteach do mhuintir Neipeal an t-ár a tharla sa phálás ríoga ar 1 Meitheamh 2001 nuair a rinne an Prionsa Dipendra, oidhre na coróine, a athair féin, an Rí Birendra a fheallmharú mar aon leis an rítheaghlach ar fad. Ansin chuir sé lámh ina bhás féin.

Is cosúil go raibh sé ar daoraí lena thuismitheoirí cionn is nach dtabharfadh siad cead pósta dó ar an bhean a bhí lena mhian. Theastaigh uathusan, mar atá coitianta de réir ghnás na tíre seo, gur lena dtoilsean a phósfaí é agus gurbh iadsan a dhéanfadh an cleamhnas dó. As an aighneas teaghlaigh sin a tháinig an t-uafás inar maraíodh an Rí agus an Bhanríon, an bheirt phrionsaí agus a ndeirfiúr, an banphrionsa agus mórán de na gaolta ríoga a bhí i láthair sa phálás ag an chóisir chinniúnach úd.

D'fhág sin gur tháinig Gyandra, deartháir an Rí, i gcoróin – fear nach bhfuil seasamh maith aige i measc a mhuintire. Le hanbhás Birendra chaill an choróin an loinnir dhiaga nó chreid a phobal gur Dia a bhí annsan, ionchollú de chuid Visnu. Chreid siad go raibh seasamh na tíre air agus go dtabharfadh sé slán iad as gach gábh. Ach is beag muinín atá ag bunadh Neipeal as an té atá ina shuí ar an chathaoir ríoga anois.

Ar 4 Deireadh Fómhair 2002, ar ordú an Rí Gyandra, cuireadh an Rialtas ar ceal agus ghlac seisean an chumhacht chuige féin. Ansin cheap sé a rogha féin d'ionadaí leis an tír a rialú. Dúirt sé gur thug sé an t-ordú scoir seo don Rialtas mar gheall ar phráinn pholaitiúil na tíre ach tá muintir Neipeal an-mhíshásta leis as an bhunreacht a shárú agus buille scoir chomh fabhtach sin a thabhairt don daonlathas. Chan iontas ar bith go bhfuil beaguchtach ar bhunadh Neipeal i láthair na huaire. Tá an tóin ag titim as an tír ina dtimpeall.

Tháinig mé go Neipeal den chéad uair sa bhliain 1996. Cuireadh ó Dermot Somers a bheith páirteach i gceann de na cláir sa tsraith theilifíse

Cuairt na Cruinne ba chionsiocair na cuairte sin. Thug Dermot ann mé mar bhall den fhoireann dreapadóireachta a bhí faoina chúram agus é de chuspóir aige mé a thabhairt go barr Paldor, sliabh sách ard sna Himiléithe, i gcuideachta na ndreapadóirí eile, cé nach raibh cleachtadh ar bith agam, beag ná mór, ar shliabh den airde sin. Ar an dara lá den turas chun an tsléibhe bhreac mé síos an sliocht seo a leanas i mo dhialann:

> *Inné d'fhág muid an chathair inár ndiaidh agus thug muid ár n-aghaidh ar Ganesh Himal, sliabhraon atá suite siar ó thuaidh ó Kathmandu. Thall agus abhus i gcaitheamh an lae nuair a thigeadh tiomáint ghaoithe faoi na scamaill, thigeadh oscailt sa spéir agus bhíodh radharc againn ar Paldor (20,000 troigh) agus é cuachta i mbrat docht sneachta. Tá sé níos lú ná a bhráithre atá ina seasamh ansiúd, gualainn ar ghualainn leis, ach chan méadú misnigh ar bith domhsa an méid sin – mise nach raibh ariamh níos airde ná barr na hEaragaile (2,246 troigh). An Earagail bhocht! Níl ann ach bunchnoc gan urchóid i gcomparáid leis na fathaigh fhiáine seo a mbíonn cuil shíoraí an tsneachta ar a ngnúiseanna i gcónaí. Ach ní ligfidh mé mo rún leis an Earagail. Síleann mo chnocáinín beag beadaí gurb é féin buaic na glóire.*
>
> *Tá a fhios agam go mbeidh fuacht agus anró na hairde romham thuas ansiúd ar aghaidh na síoraíochta. Ach níl aon dul as agam anois ach dul ann. Is é mo dhúshlán é. Ar aghaidh linn, a fheara! Is é an 'fan go fóill' a chaill an rása.*

Dhá lá dhéag ina dhiaidh sin bhí mé i mo shuí ar bharr Paldor. Sa dialann, deirim:

> *D'fhág muid an t-ardchampa ag 2 a.m., ár n-aghaidh ar bhinn mhullaigh an tsléibhe. Sula ndeachaigh muid i gceann siúil chuaigh Dermot agus a chomhghleacaí, Robbie Fenlon, inár dtimpeall, ag cinntiú go raibh muid*

uilig i bhfearas agus i bhfách leis an dreapú a dhéanamh. Bhí mé tnáite. Bhí tinneas cinn orm. Cha raibh ann ach go raibh tógáil na gcos ionam ach ní ligfeadh an donas domh diúltú. Ar shiúl liom i gcuideachta na coda eile; mise trompságach agus anásta, iadsan éadrom ar a gcosa. San oíche bíonn blaosc chrua siocáin ar an tsneachta, rud a fhágann an choisíocht níos éasca ná a bheith ag streachailt trí bhogshneachta an lae.

Bhí an spéir ina chaorchrith lonrach os ár gcionn, gach réalta ina aibhleog dhrithleogach sa chraos tine seo, iad chomh cóngarach sin dúinn go dtiocfadh leat, mheasfá, ceann acu a phiocadh as an ghríosach dá mbeadh maide briste agat. Ach má bhí caor thine sna hardaibh cha raibh a dhath den teas úd ag teacht inár gcomhair. Bhí sé suaithní fuar agus ach ab é go raibh mé cuachta ó cheann go ceann i gculaith shléibhe a raibh díon agus dídean inti bheinn i mo stacán siocáin.

Duine ar dhuine, shiúil muid i ndiaidh a chéile, coiscéim ar choiscéim agus céim ar chéim suas malaidh chrochta an tsneachta. Agus chan ar bheagán saothair a rinne muid an t-ardú céanna nó bhí an tslí rite agus anróiteach. Is beag nár bhain an t-ardú san aer tanaí úd beatha na ngéag asam ach ar dhóigh éigin d'aimsigh mé tuilleadh urraidh nuair a shíl mé go raibh mé i ndeireadh na péice. Chuir sé iontas orm an teacht aniar a bhí ionam nuair a tháinig an uair.

Bhí lóchrann cinn ar gach duine againn lenár mbealach a dhéanamh sa dorchadas. Ba mise an lúb leath bealaigh sa tslabhra taibhsiúil solais seo a bhí ag dreapadh an tsléibhe i ndiamhracht na hoíche. Is beag caint a rinne mé nó bhí mé briste san anáil. Cér bith neart a bhí ionam bhí orm é a chaomhnú agus a shuíomh sna cosa.

Le breacadh an lae agus íor na spéire spreagtha le solas na maidine – a leithéid de réim dathanna ní fhaca mé ariamh – bhain muid an barr *amach. Tá mé á scríobh seo agus mé i mo shuí i gclúid sneachta ar thaobh na gréine den tsliabh, ag baint aoibhnis as an luisne mhíorúilteach atá ag lasadh an domhan sléibhe seo i mo thimpeall.*

Tá mé ar bharr an tsléibhe ach, má tá féin, ní mhothaím an mheidhir ghliondair sin atá tagtha ar mo bhuíon bráithre as ceann sprice a bheith bainte amach againn. Chan é go bhfuil mé ag coinneáil guaime orm féin, ag coinneáil cúil ar an spleodar ba cheart domh a mhothú i ndiaidh sliabh den airde seo a dhreapú. Anois tá a fhios agam i mo chroí istigh nach spéis liom an tsléibhteoireacht ard, anróiteach seo. B'fhearr liom go mór a bheith ag treiceáil i measc na mbunchnoc, ag gabháil de shiúl na gcos ó bhaile go baile, ag castáil ar lucht na háite agus ag déanamh dáimhe leo. B'fhearr liom sin go mór ná a bheith i mo chónaí amuigh anseo ar ardchlár sceirdiúil sneachta mar a bhí mé, do mo chló féin leis an tsliabh agus ag gabháil i gcleachtadh na hairde.

Is cinnte go dtiocfaidh mé ar ais chun na tíre seo a luaithe agus a thig liom, ar mo chonlán féin agus ar mo chomhairle féin, sa dóigh go mbeidh mé ábalta dul mo rogha bealach agus an tír a fheiceáil ar mo shuaimhneas agus ar mo shócúlacht.

Seachtain ina dhiaidh sin agus mé in Kathmandu arís, scríobh mé:

Is aoibhinn an rud aistear a dhéanamh, aistear de chineál ar bith. Mura mbeadh ann ach turas timpeall an tí nó siúlóid bheag sa tsamhlaíocht nó rith searraigh síos isteach ionat féin, bheadh tairbhe le baint as ach a bheith i do dhúiseacht, a bheith airdeallach. Is é an t-aistear atá tábhachtach, a dtarlaíonn duit agus tú ag triall. Domhsa chan é an seasamh ar bharr buacach Paldor buaicphointe an turais ar chor ar bith. Ba é mo bhuaicse an spreagadh a thug an tír domh, an tógáil croí a thug na daoine domh, an t-ardú meanman a thug an treic domh. Teastaíonn uaim teacht ar ais

anseo agus bheith i m'fhear triallta na gcabhsaí agus na gcosán. Chan ar
na mórbhealaigh a fhásann na sméara dubha is milse ach ar na cosáin chúil,
ar chosáin scoite an uaignis. Triailfidh mé iad.

Ar an aistear sin casadh Ang Wong Chuu, Sherpa, agus Pemba Thamang orm, beirt ógfhear a chuaigh i gcion orm go mór agus ar éirigh liom, ádhúil go leor, a dtabhairt chun muintearais le linn an turais. Ó shin bíonn siad in éineacht liom ar mo chamshiúlta sléibhe nuair a thigim chun na tíre seo. Is é atá sa leabhar beag seo ná cuntas dialainne ar na chéad treiceanna a rinne mé ina gcuideachta. Sracfhéachaintí i bhfocail, i bpictiúir agus i bhfilíocht ar shaol na tíre.

Is geal an scéal liom é go bhfuiltear ag cur an chuntais seo os comhair an tsaoil. Seal i Neipeal.

Cathal Ó Searcaigh
Mí na Nollag 2002

Seomra 405
Hotel Buddha
Kathmandu

*T*á an chathair seo iontach fáilteach, iontach fiosrach, iontach fiafraitheach. Mura n-éiríonn leat caidreamh a dhéanamh ar na sráideanna seo, ort féin an locht. Ní dhúnfar doirse an doichill romhat anseo, ach a mhalairt ar fad . . . osclófar iad le haoibh an gháire. Tá bunadh Neipeal oscailte, fial lena ndáimh. Tá siad cineálta, croíúil, agus is furasta cumann a dhéanamh leo. Tá siad beo bocht. An t-aon rud luachmhar atá acu le tabhairt duit ná a ngáire agus tugann siad sin go buíoch, beannachtach, gan fiacail a chur ann.

Tá dúil mhór agam a bheith ag spásáil thart le teacht na hoíche, ag baint suilt as saoithiúlacht *bazaar*ach na sráide. Tá Kathmandu ag *honk*áil anocht, snagcheol preabach an tráchta i mo chluasa . . . i mo chéadfaí. Na ricseánna lena ngíoscán géar sacsafónach ar uchtóga an bhealaigh, seancharranna ag *splutter*áil agus ag spréachadh a gcuid trumpaí, gach coiscéim coise ina nóta maise, pléascánta ar phianó na b*pavements*. Dordán, siamsán, crónán, ag cuisliú chugam ó gach coirnéal. Seo rosc ceoil na cathrach, rapsóid ghorm an chlapsholais in Kathmandu. Mheasfá go raibh na sráideanna seo beag beann ar chóras pleanála. Cosúil le ceoltóir jazz a bhaineann searradh agus séideadh as fonn súchaite, tá na sráideanna seo ag imeacht leo le haer an tsaoil, solúbtha, spleodrach, súgach, ag baint castaí úra as a gcúrsa tromchúiseach nuair a bhuaileann an tiúin iad, ag súgaíocht le seanphleananna gan spionnadh nuair a thig spreang spreagtha orthu. Tá siad faoi dhraíocht ag a dtiúin dhiamhair féin.

Siúlaim thart sna sráideanna cúnga, rúnda seo in Chetrapati, in Thamel agus in Kantipath. Ní léir domh go bhfuil ainmneacha ar bith ar an chuid is mó acu. Anseo is tábhachtaí léargas ná léarscáil. Ar scor ar bith, is fearr liom go mór imeacht liom i mbéal mo chinn ar na sráideanna seo, gan fios agam an siar nó soir atá mo thriall. Lean do ghaosán go réidh, a deirim i dtólamh, agus tiocfaidh do thóin i do dhiaidh. Níl dóigh níos fearr le haithne a chur ar an chathair seo ná do chuid rámhaí a ligean le sruth . . . imeacht i mbéal na séibe . . . Ní aimseoidh duine é féin go deo go dtí go mbeidh sé i ndiaidh é féin a chailleadh ar dtús.

Is beag de sholas na gréine a thig a fhad leis na sráideanna seo. Súnn na tithe arda lena gcuid balcóiní an solas. Ach bíonn na sráideanna ag soilsiú le cuid *sari* na mban – glas olóige, buí-oráiste, spéirghorm. Niamhraíonn siad an tsráid lena gcuid dathanna. Gan trácht ar na ceannaithe éadaigh lena gcuid stainníní i ngach coirnéal . . . síoda . . . cadás . . . níolón – órbhuí, glasuaine, buíbhreac – chomh glé gleoite le spré solais ar sheoda . . .

Tá an tráchtáil sna sráideanna seo dírithe go huile agus go hiomlán ar thurasóirí. Is doiligh siúl síos an tsráid gan drong a bheith i do dhiaidh ag díol seo, siúd agus uile . . .

'You want hashish . . . very best I sell, sir, cheap.'
'You want money changed, sir, I am very trustable.'
'Welcome, sir! You want a guide. I am knowing it fully.'

Iad uilig ag iarraidh an dubh a chur ina gheal ort. Cuirim stuaic orm féin ag éisteacht leo, dreach diúltach atá chomh fada le Domhnach fliuch ar Oileán Leódhas, agus cailleann siad a ndíograis agus ar shiúl leo, creabhair na ngoba fada, chuig an chéad chuairteoir eile ag súil go n-éireoidh leo a gcuid pionsúr amplach a shá ina sparán.

Is iad na Caismírigh is measa. Iadsan atá i mbun bhunús na siopaí cairpéid in Thamel. Is doiligh iad a chur ó dhoras. Ba chruinne dom a rá go mbíonn sé dhá uair chomh doiligh dul ó dhoras s'acusan. Bíonn siad crúbach agus iad i mbun gnó. Nuair a fhaigheann siad greim ort téann siad i bhfostú ionat. Bíonn deilín na mbacach acu go minic agus iad ag margáil leat.

'Business no good, no selling today. I have much poor mouths to feed. This is my lucky day. You buy Kashmiri carpet . . . the very best . . . 5,000 rupees . . . cheap.'

Bíonn siad ag dréim leat trua a dhéanamh dóibh . . . Agus mura mbeadh a fhios agat a athrach b'fhéidir nach mbeadh ann ach bratóg gan dóigh a chaillfeadh a dhath agus a dhéanamh in aicearracht aimsire. Tá bunadh Neipeal iad féin amhrasach faoi na Caismírigh. 'Is ionann cumann a dhéanamh le Caismíreach,' a deir siad, 'agus tua a chrochadh os cionn do dhorais féin.'

Bainim an-spraoi as a bheith ag margáil leis na mangairí béal-líofa atá ag díol sceana na nGúrcach, seálta olla, seoda Tibéadacha, fidileacha agus feadóga ar chéimeanna na dteampall in Indra Chowak . . . saoltacht agus spioradáltacht ar comhchéim, d'fhéadfá a rá . . . ag meascadh le chéile chomh neamhchoireach, nádúrtha, neartmhar leis an uisce te agus an t-uisce fuar a bheas á meascadh agam ar ball beag sa chithfholcadán . . .

Tá mé á scríobh seo i mo sheomra sa Kathmandu Guest House . . . Seo ceann de na tithe aíochta is cáiliúla sa chathair – *A two-star hotel with a five star reputation*' an mana atá acu. Tógadh an foirgneamh seo i bhfad ó shin agus tosaíodh óstán ann sna seascaidí nuair a bhí na *hippies*, teachtairí na mbláthanna agus an ghrá, ag teacht anseo ina slóite gleoite . . . le smailc an tsolais is an tsóláis a bhaint as dúidíní draíochta an tsléibhe. Cé go bhfuil smál ar a gclú anois ba iadsan i ndáiríre a chuir eiteoga faoi thionscal turasóireachta na tíre seo.

Áras mórluachach de chuid na Rana a bhí sa teach seo tráth den tsaol – tógtha i stíl bheadaí nuachlasaiceach. Ba iadsan an teaghlach tíoránta a bhí in uachtar i Neipeal ó 1846 go 1951, tráth ar briseadh ar a gcumhacht is ar a gceannsmacht le teacht an daonlathais. Le blianta beaga anuas, de réir mar a mhéadaigh an t-éileamh ar lóistín, cuireadh tuilleadh seomraí leis an tseanphálás sa chruth go bhfuil 120 seomra leapa ann i láthair na huaire.

Tá an seomra seo agamsa glan, néata, leagtha amach go slachtmhar agus neart solais agus spáis ann – a bhuíochas sin do Rajendra Thakuri, an giolla óg a bhfuil sé de chúram air an seomra seo a choinneáil glan, ordúil. Tá sé fairsing agus fionnuar, mar sheomra, agus is ann a thigim le mé féin a chiúnú agus a shuaimhniú i ndiaidh babhta trom meitifisice le Gearmánach éigin sa *lobby* nó i ndiaidh babhta dian margála sna *bazaars*. Bíonn an t-allas ina rith liom i ndiaidh cúpla uair an chloig a chaitheamh ag siúl thart i marbhtheas toiteach na sráide. Bíonn folcadh de dhíth go géar orm. Tá sé mífholláin a bheith ag siúl timpeall na cathrach. Bíonn an t-aer agus an tsráid truaillithe go holc. Achan áit bíonn gal te deataigh ag sceitheadh ina scamaill dhubha ghalracha ó sheancharranna agus ó *scooters*. Bíonn stúr na sráide ag éirí ina phlá phlúchtach, ag déanamh síorionsaí ar sceadamáin agus ar scamhóga. Bíonn daoine cársánach, ag cartadh agus ag casachtaigh i gcónaí, ag caitheamh amach screamh ghlas sheileogach a scamhóg.

❦

Inniu agus mé ag spaisteoireacht thart i gcúl-lánaí gortacha na cathrach in Balaju casadh Ganesh orm, buachaill trí bliana déag d'aois, rian an ocrais ar a ghnúis bheag ghnaíúil. Bhí sé ag rúscadh faoina dhícheall i gcarn bruscair nuair a bheannaigh mé dó. Ag lorg éadála a bhí sé, áilleagán de shórt ar bith a mbeadh margadh dó ar an tsráid. Ba dhéirc leis rud ar bith a aimsiú sa tsalachar agus sa tséarachas seo. Tá an chathair lán bochtán, buachaillí beaga go speisialta − a mbunús uilig, dálta Ganesh, beo ar dhéirc na sráide agus ar bhradaíl bheag sna siopaí ach an deis a fháil. Is minic iad faoi luí na mbuillí fosta nuair a thig na póilíní lena ruaigeadh as bealach . . .

Níl de sheilbh shaolta ag Ganesh ach cér bith atá sa bhurla lena thaobh . . . bróga, a deir sé liom, bríste, blaincéad codlata agus seaicéad leathair. Tá na bróga rómhór dó, a deir sé, bronntanas ó Ghearmánach mná a rinne trua de, ach dá mbeadh stocaí níos tibhe aige seans go bhfóirfeadh na bróga i gceart dó. Tá *'New York! New York!'* greanta ar bhrollach na t-léine corcra atá á caitheamh aige. Tír Tairngire na féile is na flaithiúlachta dóibh siúd ar fad a tógadh ar an ghannchuid. Ó, mianta Meiriceánacha na mbocht! Ach is baolach nach mbainfidh Ganesh greim a leasa as Úll Mór na bhféidearthachtaí go brách. Níl pioc feola ar a chnámha beaga briosca. Tá sé tanaí, tnáite, tarraingthe ina dhreach is ina dheilbh, mar a chuirfeá i gceann a chéile é le cipíní. De thógáil an tsléibhe é, dílleachta a d'fhág an baile in Helambu de bharr bochtanais agus brúidiúlachta:

'In my house, sir, no food no eating enough. My uncle he very cruel. All the time I working hard on farm . . . He beat me. He give me no clothes, no food. I very hungry, sir. I run away to Kathmandu. Now I live on street. I chased by dogs in the night . . . chased by police in the day . . . I sick a lot of times, sir, very sick, here in my stomach. I no education, I have nothing. I am not liking my life, good sir.'

Síos uainn tá bó ag trasnú na sráide, chomh mórluachach ina cuid gluaiseachtaí le banríon na ríochta ag déanamh na gcos i measc na cosmhuintire. Déanann an bhó a cac agus go míorúilteach bíonn lón den scoth, méith, saibhir, cothaitheach ag an ghealbhán binne a phreabann láithreach ó dhíon tí . . . Ní hionann do Ganesh bocht é. Níl bó mhór ar bith aige a dhéanfadh é a fhuascailt as broid na bochtaineachta.

Tá Ganesh ainmnithe as duine de na déithe is mó meas i Neipeal . . . dia an chinn eilifinte, mac le Shiva agus Parvati, dia an áidh agus an rachmais, dia na gaoise is na dea-mhéine. Tugann sé coimirce do lucht taistil agus dóibh siúd atá ag bogadh tí agus teaghlaigh. Ach níl sé ag tabhairt cluas éisteachta ar bith do mo Ganesh beag bratógach. Sheas a dhá shúil ina cheann nuair a bhronn mé 500 rúipí air agus thug sé barróg domh a bhí lán de chroí agus de chairdeas. *'I am liking you very much, my father,'* a dúirt sé liom agus mé ag fágáil slán aige.

❧

Tráthnóna inniu bhuail mé le Prem Timalsina ar choirnéal sráide in Thamel. Bhí mé ag siúl, mo cheann san aer, ag stánadh ar bhalún buí a bhí ag snámh os cionn na sráide nuair a bhuail mé isteach i Prem agus é ag teacht thart an choirnéal. Is beag nár thit muid i ngabhal a chéile leis an chroitheadh a baineadh asainn. Nuair a tháinig muid chugainn féin ghabh mé leithscéal leis as ucht a bheith chomh sliopánta, maolaigeanta sa tsiúl.

'*Don't worry,*' arsa seisean, fáthadh an gháire ar a ghnúis dhéadgheal. '*It was a crash of cultures. Tourists walk with their heads up. We walk with our heads down.*'

Tá Prem scór bliain d'aois, scoth an Bhéarla aige agus é fostaithe mar fháilteoir in óstán beag in Thamel. Bhí sos uaire aige óna chuid oibre agus thug mé cuireadh dó teacht liom fá choinne cupán tae sa Pumpernickel, caife beag a thaitníonn liom.

Tá nádúr deas aige, é cainteach agus cuideachtúil, gnaoi an ionracais ag soilsiú ina aghaidh álainn. As Dhungkharka é, a deir sé, baile beag sléibhe, suite daichead míle siar ó dheas ó Kathmandu. Chuir sé mo sháith iontais orm nuair a mhínigh sé domh an bhrí a bhí le Dhungkharka. I Neapailis ciallaíonn '*dhung*' leac cloiche. Bhí '*kharka*' le fáil go forleathan, a dúirt sé, in ainmneacha áite ar fud Neipeal. Talamh a tugadh chun míntíreachais sa tsliabh is brí leis, talamh cothrom curaíochta. Bhain sin siar asam. Nach é sin an chiall cheannann chéanna atá le Mín an Leá nó Mín na Leacacha, mo bhaile fearainn féin a míntíríodh fosta as fiántas an tsléibhe! Tá sé saoithiúil ach spreagúil ag an am céanna ceangail aisteacha mar seo a aimsiú. Tá Mín an Leá agus Dhungkharka ag freagairt dá chéile ar mhinicíocht na logainmníochta. Tá comharsanacht Mhín an Leáúil aimsithe agam i gcéin. Rinne an ceangal sin ár ndáimh a dhlúthú, ní nach ionadh. Tá rud éigin ag insint domh go rachaidh ár ngaol i méid agus i mbuaine. Is í an chinniúint a chas muid i líonta a chéile.

Léirigh Prem ina chuid cainte go bhfuil meon aigeanta, ealaíonta aige. Tá seasamh a theaghlaigh air, a deir sé liom, mar a bhíonn go minic ar an té a bhfuil acmhainn an léinn is na scolaíochta ann. Ualach trom. Tá súil acu sa bhaile go dtógfaidh Prem iad as an anás ach ní léir dó féin go bhfuil a dhath i ndán dó sa tír seo ach bochtanas agus beaginmhe.

'Here, we carry Annapurnas of poverty on our shoulders. We can climb mountains, my friend, but we cannot climb the ladder of success. For most of us there are no ladders, no doors to opportunity. Poverty is a dark room without a door.'

Bhí deis a labhartha aige, a dúirt mé leis, a bhí iontach fileata. Leis an bhua cainte seo ba chóir dó post a bheith aige sa tsaol poiblí. Bhí oideachas air, a dúirt sé, ach ní raibh cara ar bith sa chúirt aige a thabharfadh seans dó é féin a chruthú i bpost. *'There are two doors to opportunity,'* a chuala mé ariamh, *'push and pull.'* Ach níl ceachtar acu seo ag Prem. Tá léann air ach ní bheathaíonn na briathra na bráithre. Caithfidh Prem ithe, ár ndálta uilig agus ní thig an bolg a líonadh le teastais scoile. Mura bhfuil duine éigin agat le labhairt thar do cheann, a dúirt sé, is doiligh aon dul chun cinn a dhéanamh sa tír seo.

Mo dhálta féin, tá dúil ag Prem i milsíneacht. D'ordaigh mé tuilleadh de na toirtíní beaga seacláide a thaitin leis. Is annamh a bhíonn airgead aige, a dúirt sé, le bia milis mar seo a cheannach. Tríocha dollar sa mhí a shaothraíonn sé san óstán agus tá air sciar maith de sin a sheoladh abhaile.

'Ke garne?' arsa seisean ag amharc orm go truacánta. *'What to do? We who are Hindus believe too much in fate. Our fatalism hinders our drive, stops our initiative.'*

Nuair a d'fhiafraigh mé de cad é a shíl sé de stiúradh na tíre lig sé a racht amach ar an rialtas. Nuair a cuireadh an córas daonlathach i bhfeidhm i Neipeal sa bhliain 1991, arsa seisean, i ndiaidh don chosmhuintir éirí amach go dúshlánach lena gcearta a éileamh, bhí dóchas ann go dtiocfadh biseach suntasach ar shaol na ndaoine. Cha raibh ann ar fad, arsa Prem, ach an focal mór agus droch-chur leis. Is beag le rá an t-athrach a tháinig. Níl ann go fóill, arsa seisean, ach an tréan ag tromaíocht ar an trua. Is minic a chuirtear airgead amú ar thionscnaimh gan éifeacht. Níl a dhath, dar leis, chomh holc le dúthracht gan dearcadh. Go rómhinic is é an siosúr, a deir sé, a úsáidtear le crann a ghearradh agus an tua le páipéar a ghearradh.

Bím ag léamh tuairiscí nuachta gach lá ar an *Kathmandu Post* faoi na Maoistigh a bhfuil treallchogaíocht thréan ar siúl acu in aghaidh an stáit. Tá an chuma ar an scéal go bhfuil siad ag dul i dtreise in ainneoin iarrachtaí an rialtais lena ndíothú. Tá limistéar mór in iarthar na tíre, amuigh in iargúltacht an tsléibhe i gceantair Dolpa agus Rakun, go huile agus go hiomlán faoina gceannsmacht. Tá sé de chuspóir acu an rítheaghlach a chur as cumhacht agus 'poblacht na ndaoine' a bhunú i Neipeal.

Níl aon mheas ag Prem ar an ghluaiseacht Mhaoisteach seo, atá, dar leis-sean, ag iarraidh an tír a threascairt ionas go dtig leo a dtíorántacht ollsmachtach féin a chur i bhfeidhm. Tá eagla air dá dtiocfadh siad i réim go ndéanfadh siad Cambóid eile de Neipeal agus go gcuirfeadh siad daoine ó theach agus ó threibh mar a rinne Pol Pot sa tír sin.

'*Our problem in Nepal*,' arsa Prem go húdarásach, '*is that we have a hypocrisy instead of a democracy.*'

❧

Inniu, i dtrátha an deich ar maidin, fuair mé féin agus Prem tacsaí ó Thamel amach go Pashupatinath. Dóibhsean ar Hiondúigh iad is í seo an láthair is beannaithe sa tír. Suite ar bhruach an Bagmati, tig siad anseo le hiad féin a ní in uisce na habhann agus lena nguí a dhéanamh sna teampaill. Dá mbeadh toil acu ar a mbás féin, a deir Prem, seo an áit ar mhian le gach Hiondúch a anáil dheireanach a tharraingt. Seo an láthair chréamtha is oirirce agus is oiriúnaí sa tír de bhrí go dtéann uiscí an Bagmati, diaidh ar ndiaidh, isteach in uisce sár-naofa na Gainséise. Seans maith, arsa Prem, go dtuillfeadh an té a d'éagfadh anseo athbhreith faoi shéan. Seo áitreamh an áidh. I bhfealsúnacht chreidimh Prem ní thosaíonn beatha le breith agus ní chríochnaíonn sí leis an bhás. Tá an bás i ndán don bheo, arsa seisean, agus an bhreith i ndán do na mairbh. Creideann Prem gur iomaí teacht thart atá i saol an duine, go dtig muid agus go n-imíonn muid i gcasadh cinniúnach an bháis is na beatha. Ar deireadh thiar, arsa seisean, má bhíonn an t-ádh linn, tiocfaidh muid slán ón chiorcal tíoránta seo. Tabharfar an t-anam chun an tsolais ionas nach mbeidh gá leis an athchúrsáil níos mó. An uair sin trasnóidh muid tairseach na tarchéimnitheachta isteach i mbuansólás nirvana. Nuair a d'fhiafraigh mé de cad é an tsamhail a bhí aige de nirvana dúirt sé gurbh é a chonacthas dó ná táibléad ag tuaslagadh i ngloine uisce. Sin mar ba léir dósan, a dúirt sé, an spiorad ag meascadh leis an tsíoraíocht.

Anseo in Pashupatinath, tá dhá thaobh na habhann tógtha suas le tionscal na cráifeachta, le gleo na diagachta. Sna sráideanna thart ar an phríomhtheampall tá sé ina aonach le fuadar na tráchtála. Tá an áit ina mhargadh beo le mangaireacht, le díolaíocht, le stocaireacht, le margáil, siopaí agus stainníní ag díol ofrálacha altaithe le tabhairt isteach sna teampaill agus cuimhneacháin bheaga de gach cineál, 'Pashupatinath' breactha orthu. Ní cheadaítear do dhuine ar bith ach amháin do na Hiondúigh gabháil isteach sa phríomhtheampall – Pashupati Mandir a thugtar ar an phagóda álainn seo. Níos luaithe inniu bhí an obair óir agus an obair phráis sna díonta ina ngríos loinneartha faoi sholas na gréine.

Shiúil mé féin agus Prem síos bruach na habhann le taobh na *ghat*. Bhíothas ag cur coirp faoi bhrí na nguí ag ceann de na láithreacha créamtha seo.

Bhí an corp sínte amach faoi aibíd bhán ar charnán adhmaid. Ba léir gur tógadh an carn créamtha go cúramach. Bhí gach bloc agus gach smután agus gach cipín dingthe i gceann a chéile go deaslámhach. An crann santail agus an crann mangó is ansa leo mar ábhar tine, a dúirt Prem liom, nuair a bhíonn ar a gcumas an t-adhmad luachmhar seo a cheannach. Mura mbíonn is leor cúpla cipín de a mheascadh le gnáthadhmad leis an charn créamtha a bheannú.

Fear gustail a bhí á chréamadh, arsa gaol den fhear mharbh. Ar feadh a raibh de thalamh agus de thithe aige, arsa seisean, ní dheachaigh sé ar biseach dó agus an bás ina dháil. Bhí mé ag insint dó go raibh sean-nath againn i nGaeilge i dtaca lena raibh ráite aige – 'Níl pócaí ar bith ar aibíd an bháis.' Is cuma cad é a chnuasaíonn muid i gcaitheamh ár saoil bíonn orainn scaradh leis agus an bás dár dtionlacan thar an duibheagán. Bhí muintir an choirp, fir ar fad, de réir mar ba léir domhsa, cruinnithe thart ar an charn créamtha, iad gléasta in éide bhán. Bhí an éide seo casta faoina gcom, an corp nocht as sin suas. Bíonn sé de chúram ar an mhac is sine, arsa Prem, an lasóg a chur leis an chorp. Gan mhoill bhí an t-adhmad ar bharr amháin lasrach, na bladhairí ag éirí ina laomanna drithleogacha. Chuaigh teanga thine a lí an choirp, gur shlíoc sí an t-éadach ar shiúl. Ansin d'aon bhladhm chraosach amháin bhí na bladhairí ag ithe agus ag alpadh an choirp. In am gearr rinneadh géaga a stoitheadh, craiceann a dhúchan, blaosc chinn a scoilteadh. Nuair a thosaigh an sú agus an smúsach ag sileadh amach as an chreat dhúdhóite chuaigh an tine glan ar fiáin. Shílfeá gur deamhain ocrais a bhí á ngríosadh leis an airc itheacháin a tháinig ar na bladhairí. Go tobann d'éirigh leathlámh an mharbháin in airde amhail is dá mbeadh sé ag fágáil an 'Slán!' deireanach ag a theaghlach. Baineadh uaill chaointe as a raibh i láthair. Nuair a bhí an tine i gcontúirt gabháil as coinníodh beo í le cochán le go ndófaí gach ball den chorp. Sa deireadh nuair nach raibh fágtha ach luaithreach bhán agus gríosach, scuabadh an t-iomlán isteach san abhainn. Ar feadh tamaill bhig d'fhan an craos dearg seo ag siosmairt san uisce, ag cuisliú agus ag preabadh mar a bheadh croí ann, ag tógáil gaile, go dtí gur thug an sruth ar shiúl é.

Fad is a bhí na deasghnátha créamtha seo ag gabháil ar aghaidh bhí boitseachán mór mná, Meiriceánach, gan fios gnoithe ar bith, ag glacadh grianghraf, gach 'Gosh!' aici le hiontas, a ceamara ag cliceáil fad is a bhí an corp á loscadh. Nuair a iarradh uirthi a ceamara a choinneáil ar shiúl ón charn créamtha chuala mé í ag rá os ard, 'Isn't it a public burning? Surely I can take snapshots. Back in the States my family would sure love to see all of this. Your culture is so photogenic.' Is beag nár léim mé as mo chraiceann le fearg nuair a chuala mé sin. Chuaigh mé anonn chuici agus dúirt mé léi gur mhór an náire di a leithéid d'ailp easurramach chainte a ligean as a béal ar an ócáid ghoilliúnach seo. Chan sásta a bhí sí. Chuala mé í do mo mhallachtú faoina hanáil. Ansin chas sí ar a sála agus ar shiúl léi go spágach tríd an slua, suas bruach na habhann.

Níl san abhainn seo ach sruth séarachais agus salachair, broc agus bruscar ina luí sa tanalacht. Ach ní choinníonn sin lucht na deabhóide amuigh as an uisce. Inniu bhí na scórtha á n-ionladh féin − á n-íonghlanadh féin ba chirte domh a rá − sna huiscí bréana seo. Bhí muid ag amharc orthu ón droichead agus muid ag trasnú na habhann.

Ar an taobh thall den abhainn tá cuid mhór scrínte in onóir Shiva. Anseo déantar an *linga*, bod Shiva, a adhradh. Seo siombail na torthúlachta, samhailchomhartha na beatha. Sna scrínte seo de chuid Shiva is é an *linga* an phríomhdhealbh, é sáite go teann i bpoll na pite nó an *yoni* mar a thugtar ar an bhall bhanúil sin.

Tá cuid mhór *sadhu* anseo fosta, fir a shéan an gnáthshaol agus a bhfuil a mbeatha á tabhairt acu anois i seirbhís Shiva. Tá cuid acu seo ar éirigh an saol go geal leo ach a thréig a gclann agus a ngnoithe ar mhaithe leis an spiorad a thabhairt chun solais. Anois tá siad i dtuilleamaí na déirce go huile agus go hiomlán. Tá a mbunús gléasta i gclócaí crochbhuí, gruaig fhada chlibíneach orthu, a gcraiceann smeartha le luaith. Oilithrigh atá iontu a bhíonn de shíor sa tsiúl, seal san India, seal i Neipeal, ag déanamh a n-anama i dteampall ansiúd, i dteampall anseo. Inniu bhí siad ag baint tosach as a chéile, bos an bhacaigh amuigh acu agus iad ag tathant ar thurasóirí síntiús beag airgid a thabhairt dóibh.

'*Would you like to see some tantric hydraulics?*' a d'fhiafraigh Prem díom. Ba léir domh go raibh rógaireacht ag fabhrú ina shúile soineanta. '*Come,*' arsa seisean. Bhí a fhios agam go raibh rud éigin cigilteach aige le taispeáint domh. Níor lig sé a dhath air féin go dtí gur shroich muid scrín aoldaite, áit a raibh *sadhu* ard féitheogach á ghrianú féin, gan á chaitheamh aige ach bréid ghabhail.

Chuaigh Prem chun cainte leis an fhear scafánta seo. Óna gcuid geáitsí bhí a fhios agam go raibh siad ag margáil lena chéile. Ansin tchím Prem ag cur a láimhe ina phóca agus ag síneadh airgid chuig an *sadhu*.

'*Now you will see something to remember,*' arsa seisean go spreagtha. D'aithin mé go raibh sé ag baint suilt as an fhocal '*thing*'.

Chonaic mé an *sadhu* ag cur sreangáin thart ar chnapán cloiche. Nuair a bhí sin curtha i gcrích aige d'iarr sé orm an chloch a thógáil. Chrom mé síos, rug greim uirthi go hábalta, thug urróg mhillteanach di ach sháraigh orm í a ardú. Bhí sí níos troime ná mar a shíl mé a bheadh. Cha raibh fonn ar bith orm féitheog a tharraingt i mo dhroim ag iarraidh an chloch seo a bhogadh ar mhaithe le fear mór a dhéanamh díom féin.

'*Very heavy,*' arsa an *sadhu* liom agus é, de réir cosúlachta, ag baint sásaimh as m'easpa nirte.

Sula raibh faill agam m'anáil a tharraingt bhí a bhréid ghabhail scaoilte aige agus a bhod sáite isteach i lúbóg a bhí i gceann an tsreangáin. Dhún sé a shúile agus thosaigh ag tarraingt an aeir isteach trína ghaosán agus ag ligean dó síothlú síos go híochtar a bhoilg. De réir a chéile thosaigh a bhod ag borradh, ag síneadh agus ag ramhrú. Chan fhaca mé ariamh ball fearga a bhí déanta chomh daingean leis an bholta chrua, bhuíchraicneach a bhí os comhair mo dhá shúil. Nuair a bhí sé i mbun a mhéide bhí sé deich n-orlaí mura bhfuil mise meallta. Chan bod a bhí ann ach buailtín.

Go tobann bhain sé sracadh fiáin as, bhorr gach féith ann agus amhail is dá mba chrann tógála a bhí faoina stiúir aige d'ardaigh sé an chloch os cionn talaimh le pabhar tógtha a bhoid. Choinnigh sé crochta mar sin í ar feadh tríocha soicind, ansin lig sé léi. Láithreach d'imigh an seasamh suaithní as a bhod agus, cosúil le píobán infhillte, chúb sé suas isteach ina chéile. Chuir sé mo sháith iontais orm an dóigh a raibh sé ábalta a bhod a bheartú, a neartú agus a smachtú de réir mar ba mhian leis.

'I no use Viagra,' a dúirt sé. 'I use yoga.'

Sa chreideamh Hiondúch, a deir Prem liom, tá cleachtais áirithe ann a dtugtar tantra orthu, modhanna machnaimh a thugann ábaltacht agus máistreacht duit i gcúrsaí gnéis.

'Bodachas,' arsa mise agus mé ag gáire liom féin. 'An creideamh a thugann seasamh maith duit i measc do mhuintire'.

———————— ⦾ ————————

Tá mé i mo shuí i gcaife gréine in Kathmandu – an Northfield Café in Thamel – ag baint sú as mo chuideachta féin, ag ól *cappuccino*. Seo tearmann an tsuaimhnis. Tá sé neadaithe istigh i gcoirnéal cluthar, saor ó ghleo agus ó gháir na sráide. Is aoibhinn liom suí anseo ar mo sháimhín só ag scríobh na dialainne. Bíonn na freastalaithe bláfar, béasach, iad ag timireacht timpeall na háite i dtólamh, ag glanadh agus ag gáire. Tá na táblaí leagtha amach go néata faoi scáth na gcrann, ceol clasaiceach ag aoibhniú an aeir timpeall an chlóis.

25

Bach atá á sheinm i láthair na huaire, ceann de na *Cello Suites*, sílim. Is breá liom Bach. Ina chuid ceoil tchí sé an oíche le súile na maidine, an dorchadas le súile an dóchais. Fear a bhí ann, a déarfainn, ar éirigh leis fanacht múscailte, fiú ina chodladh dó.

Sa chaife seo bíonn an duine agus an dúlra cúirtéiseach. Amharcaim in airde agus tá siorradh beag gaoithe ag cíoradh ghruaig ghlas na gcrann. Tá *poinsettia* mór ag deargadh os mo chionn, *umbrella* dearg duilleogach. Tá na *marigolds* ansiúd thall ag caochadh a súl buí orm go caoin. Tá an ghrian ag bláthú i gcrúiscín gorm na spéire. Tá na bláthanna ag soilsiú, gach dath ina gha gréine do mo ghrianú . . .

Tá bachlóga aoibhnis ag teacht orm féin sa teas seo. Seo geimhreadh Neipeal ach domhsa tá sé ina shamhradh Meánmharach. Tá an t-ádh orm a bheith anseo i bhfad ó phortaigh riabhacha an gheimhridh i gCaiseal na gCorr, i bhfad ó dhathanna dearóile na gcnoc is na gcaorán. Cuireann laethanta loma na Nollag beaguchtach orm sa bhaile. Bíonn loinnir sa lá anseo a chuireann snas ar mo shaol agus ar mo shamhlaíocht. Tig eiteoga ar éinín na filíochta i mo chroí. Santaíonn sé saoirse na spéire agus na síoraíochta. Bíonn sé doiligh snaidhm a chur ar shnáithe na smaointe. Anseo bíonn gach rud ag rith go tapa trí pholl snáthaide na samhlaíochta, na súl. 'Cum treanglam dolabhartha,' a d'agair an Ríordánach orainn. 'Fág d'aigne neadaithe i bhfocail'. Tá níos mó de mhothú ná de mheabhrú ag gabháil leis an turas seo.

Ar chomhairle Prem, tá mé ag léamh *Himalayan Voices*, duanaire d'fhilíocht agus de ghearrscéalta comhaimseartha ó Neipeal, curtha in eagar ag Michael James Hutt, scoláire Sasanach a bhfuil saineolas aige ar shaíocht litríochta na tíre seo. Dá fheabhas iad na gearrscéalta cha choinneodh siad an choinneal do na dánta. Tá filí anseo agus dá mbeadh a gceart le fáil acu bheadh a gcáil ar fud an domhain. Tá filíocht den chéad scoth cumtha ag Lakshmiprasad Devkota (1909-1959), Gopalprasad Rimal (1918-1973), Parijat (1937-1994) agus Banira Giri (1946–).

Ach den tsaothar ar fad is do dhánta Bhupi Sherchan (1936-1989) is mó a thug mé gean. Seo file a labhair amach thar ceann a dhaoine, a thug guth don tost léanmhar lagmhisniúil a bhí á dtachtadh. Cé gur de lucht gustail é féin bhí sé i gcónaí ar thaobh na mbocht agus an dearóil – an chosmhuintir chloíte nach raibh guth ar bith acu lena ngearán a chur os ard. Tá faobhar ar a chuid dánta a bhain an craiceann, déarfainn, de lucht riartha na tíre ag an am, dream a bhí, dar leis-sean, ag seasamh don neart gan cheart. Chreid sé go daingean go dtiocfadh leis an fhilíocht fónamh agus feidhmiú mar ghuth dúshlánach na hagóide. Seo sliocht as an dán 'Tír Racáin agus Ráflaí' ina labhraíonn sé amach go neamheaglach ag cáineadh chaimiléireacht an chórais:

Anseo is iad na dobhráin
a bhíonn ag plé le filíocht,
iadsan a bhfuil cáipéis dlí
déanta acu den tsamhlaíocht
agus nach bhfuil eiteogaí
ar bith acu ar a mbriathra.

Anseo is iad na bodhra
a thugann breith ar an cheol,
iadsan nár chuala ariamh
éan na séirse ag ceiliúradh
i gcraobhacha a gcéadfaí
ar an tsráid nó ar an tsliabh.

Is iad lucht na gcos maide
a bhuann na rásaí
agus is iad lucht na leathláimhe
a iompróidh go díchéillí
airm ár gcosanta
laethanta bagracha an chatha.

Tá mé i mo shuí anseo ar an airdeacht os cionn Dhungkharka, ag amharc síos ar ghlasfhearann álainn, báite i mbuísholas ómra an tráthnóna. Tá urlár an ghleanna leagtha amach ina chuilt churaíochta, gach paiste talaimh oibrithe go bláfar. Tá learga na gcnoc faoi choillte glasa craobhacha agus ar a gcúl, ach i bhfad uainn, tá sléibhte sneachta. Tá cuma chomh caoin, chomh séimh, chomh tarraingteach ar dhreach na háite nach bhfuil a fhios agam cé acu ar neamh atá mé nó ar talamh. Tá Prem le mo thaobh, aingeal an tsolais, a ghnúis lasta le lúcháir cionn is go bhfuil an áit i mo shásamh. Thairg sé mé a thabhairt leis sa dóigh go bhfeicfinn Dhungkharka, mo Mhín an Leá i gcéin.

Inniu le béal maidine, fuair muid sean*rackety* fuar de bhus a ghlac corradh agus trí huaire an chloig leis an aistear tríocha míle a dhéanamh ó Kathmandu go Panauti. *'We will get the distress express,'* a dúirt Prem go gealgháireach. Bhí bearradh siocáin ar aer na maidine a bhí chomh géar le béal scine. Bhainfeadh sé an fhéasóg leicinn de chat. Cha raibh an bus a dhath níos fearr ná *fridge* leis an tsiorradh fuar, feanntach a bhí ag séideadh tríd, dár bhfágáil ar fad sioctha leis an fhuacht. Lena chois sin bhí ceo dlúth ar na cnoic, rud a chuir cúl ar feadh i bhfad ar theas na gréine. Bhí muid in Panauti, beagnach, sular scaip an ceo. Ansin ghormaigh an spéir agus bhí an ghrian ina neart ag soilsiú orainn go tréan, teasaí. Aoibhinn.

Ó Panauti ghlac muid aicearra na gcuibhreann trasna machaire méith curaíochta gur shroich muid cosán an tsléibhe go Dhungkharka. B'aoibhinn a bheith ag triall thar chabhsaí coise na gcuibhreann, áit a raibh buíonta ban ag cur prátaí, an t-aer bog lena gcuid cainte agus lena gcuid ceoil. Bíonn sé de chúram ar na mná, a dúirt Prem liom, an chuid is mó den obair churaíochta a dhéanamh.

Ó d'fhág muid ísleáin Panauti bhí cabhsa an ghleanna suas go Dhungkharka iontach crochta. Bhí crónán ceoil na habhann – An Salatu Khola – dár dtionlacan i rith an ama. Anseo agus ansiúd chonaic mé daoine ag casúracht cloch ar bhruach na habhann, á mbriseadh, á mionú is á gcur isteach i mbascáidí beaga. Bhí siad ina suí thart ar charnáin chloch, daoine fásta agus páistí, ag smiotadh agus ag scoilteadh ar theann a ndíchill, dusta na gcloch ina dtimpeall ina scamaill liathghorma. Baintear úsáid as an chonamar cloch seo, a deir Prem, le craiceann crua a chur ar bhóithre. Saothraíonn siad thart ar 20 rúipí as gach bascáid cloch. A leithéid d'obair mhaslach, leadránach, leatromach agus gan a dhath acu, chóir a bheith, as an tsaothar. Faoin am seo bhí teas gréine ann a bhain an t-allas asam go fras. D'fhág an bruith-theas seo luisne an órloiscthe ar dhreach na háite.

Anois tá mé os cionn Dhungkharka, ag amharc síos ar mo Mhín an Leá. Aisteach go leor mothaím ar mo shuaimhneas anseo, amhail is dá mbeadh seanchleachtadh agam ar an áit, amhail is dá mbeinn á thuar seo domh féin le fada an lá. Agus b'fhéidir go raibh. Tá cuimhne ag teacht chun cinn a bhí dearmadta agam le fada.

Is cuimhneach liom tráthnóna geimhridh amháin agus mé i mo stócach beag. Bhí mé ag stánadh ar luí na gréine ó Ard an tSeantí. Go tobann tháinig léaspáin ar mo shúile agus chonacthas domh nach Mín an Leá a bhí os mo chomhair a thuilleadh ach gleann glasuaine, grianmhar, coillte dlútha diamhra ag fás ar shleasa na gcnoc ina thimpeall. Chonaic mé tithe ceanntuí, iad ard agus aoldaite, ag glioscarnaigh i dtóin an ghleanna. Bhí sé ar an áit ba dheise dá bhfaca mé ariamh, an áit ba sholasmhaire agus ba shólásaí dá dtiocfadh liom a shamhlú. Chonaic mé beirt bhuachaillí ag teacht i mo threo, iad ag siúl lámh ar lámh, gnaoi na gréine ar a gceannaithe áille, grianbhuí. Bhí a fhios agam nach de mo chineál féin iad ach bhí cuma chomh cneasta sin orthu gur theastaigh uaim cuideachta a dhéanamh leo láithreach. Scairt mé leo os ard, 'Hello! Hello!' ach cha raibh an focal ráite agam i gceart nuair a cuireadh an radharc ar ceal. Chuaigh sé as i bhfaiteadh na súl. Nuair a d'amharc mé timpeall bhí Mín an Leá thíos fúm, bior dúghorm toite ag éirí as gach teach agus ag imeacht mar sprid le haer an tsléibhe isteach i liathacht na spéire.

Thabharfainn mionna gur ar an ghleann chaoin seo ar a bhfuil mé anois ag féachaint a fuair mé spléachadh an uair úd le cibé taispeánadh a tugadh domh. Seo anois fíorú na físe . . . Dhungkharka faoi sholas an tráthnóna.

❦

Tá Phul Kumari, máthair Prem, trí scór bliain d'aois. Bean bheag bhídeach atá inti, í gasta ar a cosa agus neart le rá aici. Ós rud é nach bhfuil focal Béarla aicise agus nach bhfuil agamsa ach an 'cúpla focal' Neapailise a phioc mé suas ó Prem, tá ár gcomhrá ar fad ina dhráma geáitsíochta. Seo an chéad uair ariamh, a dúirt Prem liom, a raibh uirthi aíocht na hoíche a thabhairt do dhuine ó iarthar an domhain. Is fíorannamh a fheictear turasóir ar bith abhus anseo in Dhungkharka. An corrdhuine a thig an treo seo, a deir Prem, tig siad ar chuireadh ó dhuine de bhunadh na háite.

Seo pobal Brahman, an ardaicme Hiondúch as a dtig na sagairt ar fad. Cuireann siad an-bhéim ar bhéasaíocht a gcreidimh a chuireann de chúram orthu a gcine agus a gcolainn a choinneáil glan. Níl siad leath chomh dian anois ná chomh righin sna gnoithí seo agus a bhíodh siad tráth den tsaol. Go dtí le déanaí cha bheadh sé ceadmhach ag mo leithéidse, duine den chineál neamhghlan, mo chos a chur thar thairseach an tí seo. Chreid siad go ndéanfadh mo mhacasamhailse an áit a thruailliú.

Shílfeá ón sloinne Ó Searcaigh, a deir Prem liom, gur Sarki atá ionam, rud a chiallaíonn gur d'ísealaicme na ngréasaithe mé. Áirítear de réir an chreidimh s'acusan go bhfuil gréasaíocht, táilliúireacht agus gaibhneoireacht ina ngairmeacha neamhghlana. Sarki, Damai agus Kamai na hainmneacha faoi seach a thugtar orthu siúd a chleachtaíonn na ceirdeanna éagsúla sin. Aicmí anuaisle, neamhghlana atá iontu ar fad. Sa tseansaol ní cheadaítí d'aon duine acu sin an doras a dhorchú i dtigh Brahman agus bhí toirmeasc iomlán orthu suí síos agus béile a chaitheamh i gcuideachta na mBrahman.

Tá Phul Kumari ag baint an-spraoi as a bheith ag freastal ar 'an Sarki as Éirinn' atá ag fanacht faoi dhíon a tí. Ar ball leag sí brat sacéadaigh ar urlár créafóige an phóirse agus chomharthaigh domh mo gheadán a bhualadh fúm. Tá sé galánta suí anseo i mbuíú agus i dteas an tráthnóna, ag tabhairt goradh gréine domh féin agus ag ithe babhla mór de mhilseogríse ar bhainne a thug sí amach chugam. Tá Krishna, deartháir Prem, a bhean chéile agus ceathrar páistí ina gcónaí sa teach fosta. Tá an péire is sine dá gclann, buachaill beag stuama agus a dheirfiúr dhóighiúil ina suí in aice liom ag tabhairt aire don bheirt is óige – cúpla i gceann a naoi mí d'aois atá ina gcodladh istigh i mbascáid mhór bambú. Tchím iad ag déanamh iontais díom ach tá siad rómhodhúil, rómhúinte le dánaíocht ar bith a dhéanamh orm.

Teach ceann tuí dhá stór ar airde atá i dteach Prem, bun na mballaí donna dorcha ar dhath an ócair bhuí agus a mbarr daite bán. Tá an doras tosaigh iontach íseal sa chruth go mbíonn orm cromadh agus mé ag gabháil amach agus isteach. Nuair a chuir mé mo cheann isteach sa chisteanach ar dtús ba mhó d'uachais toite agus dorchadais a bhí romham ná a dhath eile. Bhí Prem ag giollaíocht na tine, an toit ina sceith phlúchtach ag líonadh na cisteanadh. Cha raibh mo shúile ábalta an toit a sheasamh agus b'éigean domh an t-aer a bhaint amach láithreach. Cha dtug mé m'aghaidh isteach go dtí gur dhearg an tine agus gur mhaolaigh an toit. Tá an tine suite i logán beag san urlár, gráta trí chos os a cionn. Níl a leithéid de rud agus cathaoir, bog ná crua, acu sa teach. Tá stólta beaga anseo agus ansiúd, an cineál de shuíochán íseal a bhíodh agam féin agus mé i mo pháiste. 'Creepie' an t-ainm coitianta a thug muidne ar a leithéid de stól. In aois na leanbaíochta nuair a bhí mé ag lámhacán thart ar an urlár bhí sé éasca go leor suí ar a leithéid ach anois tá na cnámha ag stálú is níl na géaga chomh solúbtha agus a bhíodh siad fadó. Ádhúil go leor tá leabaidh i gceann an tí agus suím síos ar cholbha uirthi. Seachas scrín bheag i bpoll clúide os cionn na leapa agus pictiúir dhaite de dhéithe Hiondúcha istigh inti, níl de mhaisiú ar na ballaí loma ach snas seanaosta an tsúiche agus na toite. Chan sin le rá go bhfuil an teach brocach agus salach. Bheinn ag déanamh bréige ar Phul Kumari dá ndéarfainn é sin. Thiocfadh leat do chuid a ithe ón urlár créafóige, tá sé chomh sciobtha scuabtha sin aici. Bíonn sí de shíor ag sruthlú éadaí agus soithí agus potaí faoi sconna an uisce atá taobh amuigh den teach.

Ar ball thug mé féin agus Prem sciuird bheag thart ar Dhungkharka. Seo sráidbhaile sléibhe atá beo, a bheag nó a mhór, ar thoradh na talún. Fástar rís, min bhuí, prátaí agus glasraí ann. I láthair na huaire tá na cuibhrinn glé agus galánta faoi bhláth buí an mhustaird.

Chuir Prem in aithne mé do na comharsana a casadh orainn ar an bhealach. Bhain mé gáire astu ar fad nuair a thug mé m'ainm: 'My name is Cathal Ó Sarki.' Bhí a fhios acu gur ar son grinn a bhí mé á dhéanamh agus thaitin sé leo. Tá acmhainn mhaith grinn iontu féin agus is minice an gáire ar a mbéal ná an ghruaim. Tugann na daoine seo a n-aghaidh chomh móruchtúil agus a thig leo ar a gcastar leo den bhochtanas, den anás agus den ghanntanas. D'fhiafraigh mé de Prem an raibh cúnamh dífhostaíochta ar bith le fáil. Rinne sé gáire beag searbh. 'Bheadh do bholg thiar ar do thóin le hocras,' arsa seisean, 'dá mbeifeá ag brath ar an stát a theacht i gcabhair ort. Tá sean-nath againn anseo – "Níl airgead ag na boicht agus níl aigne ag na bodaigh." Sin an fáth a bhfuil na Maoistigh ag teacht chun cinn fud fad na tíre. Níl sé de mheabhraíocht ag an lucht ceannais – agus is iadsan lucht an rachmais den chuid is mó – níl sé de mheabhraíocht iontu a dhath dearfach, a dhath fiúntach a dhéanamh ar mhaithe leis an chosmhuintir.' Tá na daoine dlúth dá chéile, a deir sé, agus déanann siad comharsanacht mhaith lena chéile in am an ghátair. Tá lucht na húsaireachta ann fosta, iadsan a thugann airgead ar iasacht ach a mbíonn an craiceann is a luach acu sa mhargadh. Is minic a ghlacann siad seilbh ar thalamh nuair nach mbíonn an t-iasachtaí ábalta tomhas iomlán an airgid a aisíoc.

Faoin am seo bhí an dorchadas ag titim agus lampaí pairifín á lasadh i dtithe. Bhí gleo cainte le cluinstin ó bhéal dorais gach cónaí agus muid ag siúl an chosáin. Bíonn lán tí de mhuirín i ngach teach, a dúirt Prem agus ba léir sin ón líon ollmhór páistí a chonaic mé timpeall na háite. Bíonn na páistí seo in aois na feidhme ó thig méadaíocht bheag ar bith iontu. Bíonn siad ag buachailleacht nó ag tabhairt aire do na naíonáin nó ag déanamh timireachtaí beaga timpeall an tí.

Casadh fear meánaosta orainn a raibh cuma chráite mhíshásta air. Bhí a shiocair sin aige, a dúirt Prem. Bhí naonúr iníonacha aige agus gan oidhre mic ar bith. Níl Brahman ar bith nach dteastaíonn mac uaidh lena ainm a iompar ar aghaidh le go gcomhlíonfar a dheasghnátha créamtha i gceart. Dá bhrí sin bhí an bhantracht seo go léir a ghin sé ina ábhar buartha dó agus cha bheadh sé ina chiall cheart go dtí go mbronnfaí mac air. Bhí cuid mhór airgid caite aige ar lucht fiosaíochta, a dúirt Prem, i ndúil is go gcuirfeadh siadsan cor i gcúrsa na cinniúna is go saolófaí mac dó. Ach cúpla lá ó shin saolaíodh iníon eile dó agus anois cha raibh cúl le coinneáil lena mhairg. Bhí sé ag cur an mhilleáin ar a bhean chéile, a dúirt Prem, ag rá gur intise a bhí an fabht agus ní chuirfí thar an tuairim sin é. Lena chois sin tá crúb ar a chuid aige, a deir Prem, agus ní maith leis scaradh lena dhath. Beidh air spré a thabhairt do gach duine dá chuid iníonacha de réir mar a bheidh siad ag teacht in aois a bpósta. *'Inside himself he is a very dark man,'* arsa Prem go machnamhach. *'He needs to let the light of the sun into his being before a son can come out.'*

D'ith mé suipéar den rís ba bhoige agus ba bhlasta dár ith mé ariamh agus d'ól mé siar é le cupán de thae milis spíosrach déanta ar bhainne. Cha ndéanfadh a dhath maith do Phul Kumari ach a bheith ag cur tuilleadh ríse ar mo phláta ionas go raibh bolg fathaigh orm ag gabháil a luí domh. Tá bunadh na tíre seo ainmnithe as a bhféile agus tá tréith sin na flaithiúlachta go smior sa bhean bheag chroíúil seo.

D'ith muid an suipéar inár suí ar bhrat ar an urlár, na cosa cruptha faoinár dtóin amhail is gur i suí an Bhúda a bhí muid. Tig an suí seo go nádúrtha leosan ach is doiligh domhsa fanacht i bhfad mar sin. Buaileann crampaí mé a thugann orm mo ghéaga a dhíriú láithreach. Níl aon chleachtadh ag na daoine seo suí chun boird lena gcuid bidh a chaitheamh.

I ndiaidh am suipéara dhreap mé suas dréimire beag adhmaid go dtí an seomra leapa. Chodail mé féin, Prem, Phul Kumari agus na páistí abhus anseo. Luigh an lánúin phósta ar leabaidh na cisteanadh. Bhí coinnle lasta anseo agus ansiúd, rud a d'fhág cuma shochma, sheascair ar an seomra. Lena chois sin bhí gal teasa agus toite ag éirí aníos ó chraos tine na cisteanadh, dár gcoinneáil te, teolaí. Bhí mo leabaidh leagtha amach go deismir ag Phul Kumari, boladh úr, folláin, freiseáilte ó na braillíní, cuilt bhuíbhreac a raibh trom agus teas inti spréite os a gcionn. Chlutharaigh mé mé féin faoin éadach agus cha raibh i bhfad go raibh mé i mo chnap codlata.

Ar maidin agus muid ag fágáil chrom Prem síos agus phóg sé cosa a mháthar go hómósach. Bhí grástúlacht mhín, chaoin sa ghníomh dílseachta seo, uaisleacht mhórchroíoch éigin a bhain deoir asam. Chan géilliúlacht bhréige a bhí ann ach urraim bheo don tseanbhean agus don tseanbhéas.

⚜

In Thamel tá rabharta ar thurasóirí. Seo bruachbhaile turasóireachta atá lán le hóstáin, le bialanna, le siopaí. Seo an chuid de Kathmandu ina bhfanann tromlach na dtreiceálaithe ar feadh traidhfil laethanta sula dtugann siad a n-aghaidh ar an tsliabh. Is ar an láthair seo a fhilleann siad lena mbolg a líonadh le rogha gach bidh agus togha gach dí i ndiaidh a dtréimhse de thréanas an tsléibhe.

Tá siad ag tonnadh aníos agus síos an tsráid ina bplód suaite. Amuigh anseo i mbéal na toinne tá buachaillí beaga a thig i dtír ar shnámhraic na sráide. Tig duine acu chugam. Seasann sé i mo bhéal, é lánchinnte de féin.

'*You where from?*'

'*Ireland.*'

'*Ireland capital is Dublin.*'

'*You're right.*'

'*You ask capital of any country. I am knowing it.*'

'*Isle of Man!*'

Bhain sin siar as. Chonaic mé é ag ransú trína chuimhne, ag siortú ina stór eolais. Ansin bhí sé aige ar bharr a ghoib.

'*Douglas,*' ar seisean go caithréimeach, amhail is dá mbeadh sé ag fáil an ceann is fearr orm. *'You buy milk, sir?'* Bhí snag caointe ina ghlór. *'My sister she is sick. She like milk.'*

Ní nach ionadh, rinne mé iontas de cionn is gur bainne a bhí uaidh seachas airgead. Ní raibh orm ach lúcháir bainne a cheannach dó, rud a rachadh chun sochair do shláinte a dheirféar. Rug sé greim láimhe orm, thug thar choirnéal mé, síos cúl-lána dorcha agus isteach i siopa beag brocach. Thaispeáin sé domh an saghas bainne a theastaigh uaidh. Canna de bhainne púdair a bhí ann, an ceann ba mhó sa tsiopa agus an ceann ba chostasaí fosta, mar a tuigeadh domh nuair a luaigh fear an tsiopa an luach liom. Cha ndéanfadh ceann ar bith eile cúis do mo bhuachaill beag ceanntréan ach an ceann seo. Ba seo an bainne ab fhearr lena dheirfiúr. Bhí cothú ann agus dhéanfadh sé biseach di láithreach. Bhí sé ag féachaint orm go truacánta agus é ag caint. Cha ligfeadh an náire domh gan an bainne a cheannach dó cé go raibh a fhios agam go maith gur chuir sé ceann siar orm. D'éirigh leis deich ndollar a mhealladh asam le cleas an bhainne. Bhí an bua aige orm agus cha raibh le déanamh agam ach amharc ar an rógaire beag idir an dá shúil le teann measa agus an t-ádh a ghuí air. D'éalaigh sé uaim, canna an bhainne faoina ascaill agus aoibh an gháire air. Níos moille chonaic mé é amuigh ar an tsráid arís agus turasóir eile á thionlacan aige i dtreo an tsiopa chéanna.

Dúirt Prem nuair a bhí mé ag insint an scéil dó go bhfaigheann 'Baba beag an bhainne' coimisiún maith ó fhear an tsiopa as gach canna a dhíolann sé. Nuair a bhíonn an turasóir imithe ón láthair, lánsásta leis nó léi féin as an dea-ghníomh carthanachta, filleann an cleasaí beag ar an tsiopa le canna an bhainne, fágann ar ais ar an tseilf é agus bailíonn sé an coimisiún.

Cúpla lá ó shin casadh Shantaram Sapkota orm agus mé ag scódaíocht thart ar chúlsráideanna lár na cathrach, áit éigin idir Asan agus Indra Chowk. Chuir mé sonrú ann agus é ag siúl na sráide, a chaoine is a bhí a dhreach.

Páisti, Dhungkharka

Bhim Sapkota, Sangla

Girseacha i gcuibhreann mustaird, Dhungkharka

Phul Kumari Timalsina, Cathal agus an cúpla, Dhungkharka

Os cionn Namche Bazar

Pemba Thamang

Margadh na sráide, Kathmandu

Láthair chréamtha na gcorp, Pashupatinath

Iomairí curaíochta, Dhungkharka

Radharc sráide, Kathmandu

Radharc d'Ama Dablam

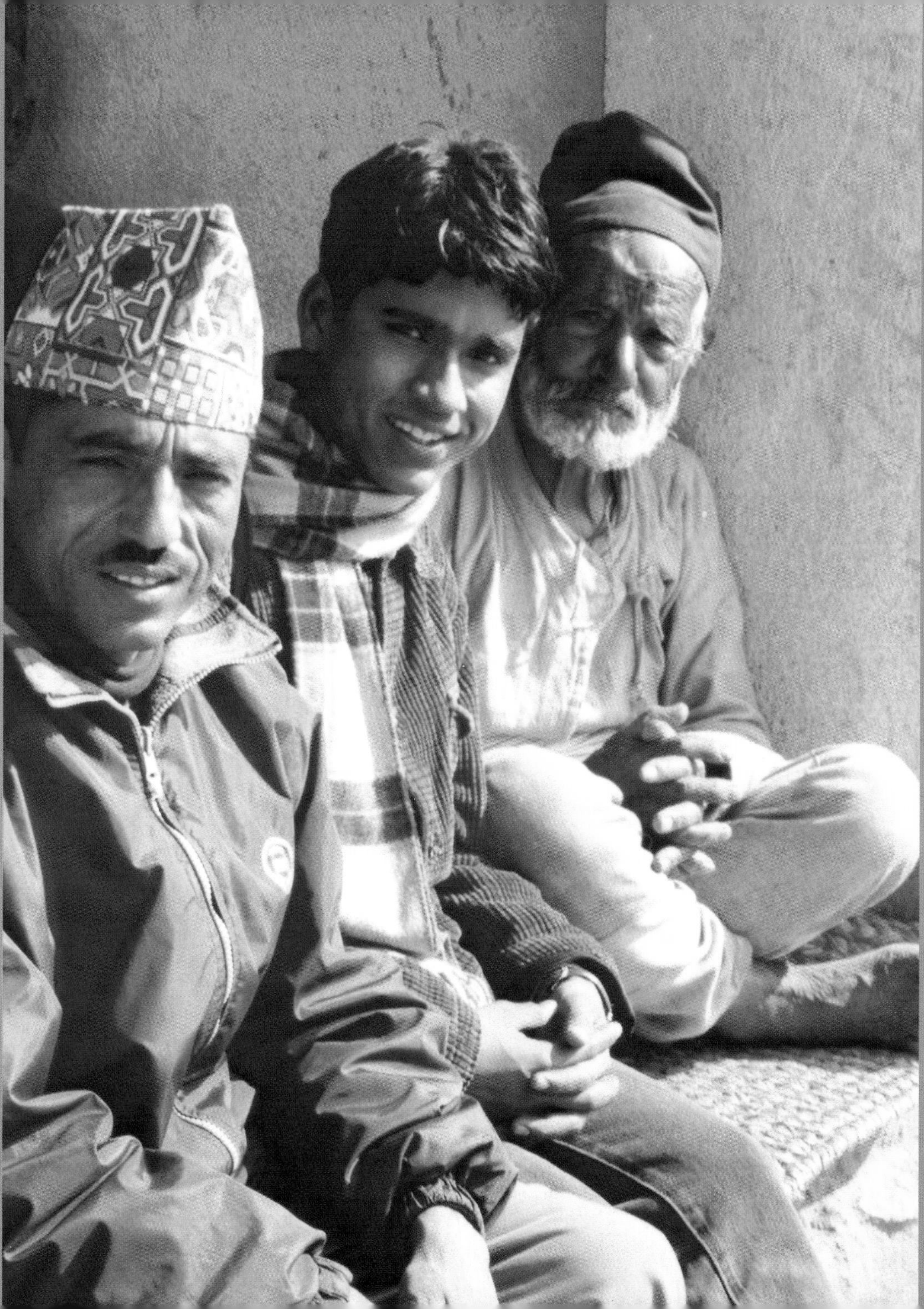

Krishna Bahadur, Shantaram agus Bhim Sapkota, Sangla

Páistí, Sangla

Buachaill bocht, Kathmandu

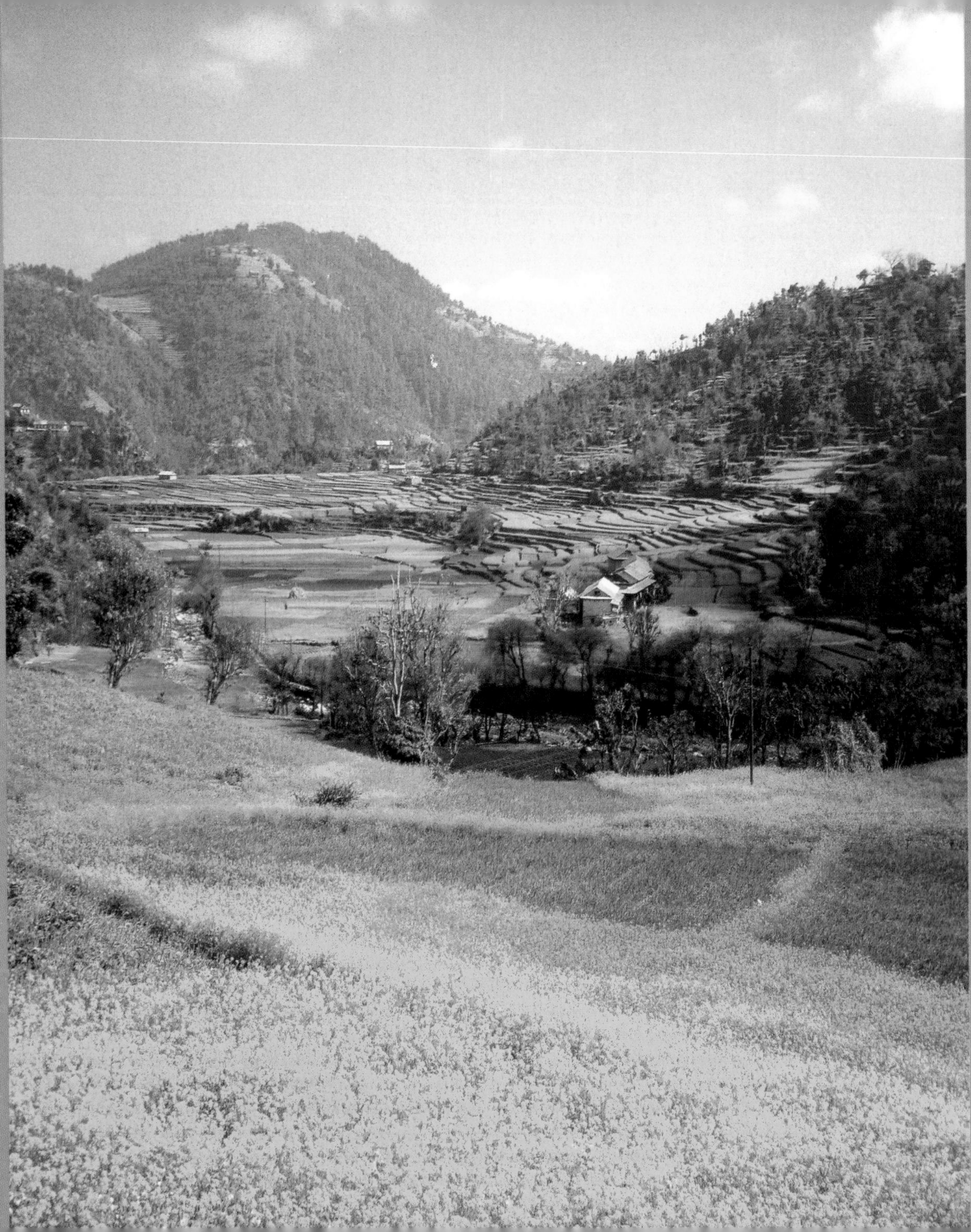

Talamh oibrithe, Dhungkharka

Thug mé gean don lí gréine ina ghnúis, don ghrástúlacht álainn a bhí in iompar a chinn is a choirp. Shiúil mé suas chuige, bheannaigh dó agus taobh istigh de chúpla bomaite bhí ár gcumann faoi lánréim. Mac léinn naoi mbliana déag d'aois a bhí ann a bhfuil nádúr caoin, cuideachtúil aige. Seo an chéad uair dósan úsáid a bhaint as an bhrocamas beag Béarla a d'fhoghlaim sé ar scoil. Mise an chéad eachtrannach ar chaidrigh leis agus bhí an-lúcháir air a chuid Béarla a thriail ormsa. Is minic a chaithim an ghaoth a ligean trína chuid scéalta sula dtugaim a mbrí liom.

Inniu thug sé mé go Sangla, a bhaile dúchais, suite sna bunchnoic, cúig mhíle dhéag nó mar sin ó Kathmandu. As siocair na fearthainne a thit ina díle an oíche roimh ré bhí an bealach mór go Sangla ina ghlár clábarach. Ghlac sé breis agus uair an chloig orainn, dá bhrí sin, an t-aistear a dhéanamh i dtacsaí. I ndiaidh domh bualadh lena theaghlach agus lón a chaitheamh ina gcuideachta thug Shantaram síos mé chuig teach a shinseanathar, fear a bhfuil na deich mbliana agus ceithre scór cnagtha aige. Bhí Bhim Sapkota ina shuí i gcathaoir shúgáin agus cuma air go raibh sé ar a shuaimhneas leis féin agus leis an tsaol ina thimpeall. Bhí sé chomh folláin le leoraí aráin, mar a deirtear i Mín an Leá. Ba bhreá liom a bheith ábalta labhairt leis ina theanga féin agus é a cheistiú faoina shaol ach ar an drochuair domh féin níl an oiread Neipeailise agam agus a chuirfeadh amach an madadh. Bhí Shantaram ag déanamh a dhíchill mar fhear teanga ach, mar atá ráite agam, bhí sé doiligh ciall a bhaint as a chuid Béarla.

Saolaíodh an seanfhear seo in ithir an bhochtanais ach, mar a dúirt sé féin, tig le crann Pipal fás as cac préacháin. D'fhás Bhim Sapkota go daingean, diongbháilte agus tháinig sé i gcrann ar an ghannchuid. Is annamh a fhaigheann fear de ghlúin s'aigesean fad saoil ach tá an chuma airsean go bhfuil sé ag fás go fóill. Tá a chraiceann seargtha, a lámha cranraithe ach tá sú ina chroí. Lena chois sin tá loinnir óigeanta agus rógánta ina shúile a thaitníonn liom. Seo crannlaoch d'fhear. Shuigh mé ar an urlár ag a chosa, a chiúnas is a shuaimhneas ina scáth duilliúrach os mo chionn. Bhain mé tairbhe as an teagmháil.

Tá cos amháin ag Bhim Sapkota sna meánaoiseanna, an chos eile sa 20ú haois. Droichead daonna atá ann thar dhuibheagán an ama. Ar an chuma chéanna tá Kathmandu ar scaradh gabhail thar réimse cúpla míle bliain. Luíonn an sean agus an nua le chéile anseo i gcleamhnas a chuireann gliondar orm. Tchífeá, cuir i gcás, soitheach saitilíte ar an láthair chéanna le pagóda ársa atá ansin le breis agus míle bliain, nó *sadhu*, é ag diúltú, mar dhea, do shaol an ábharachais, luaith an fhéindiúltaithe is na deabhóide smeartha ar a leiceann, ar chlár a éadain agus uaireadóir óir ag lonrú ar chaol a láimhe, nó ríomhaire den déanamh is úire ar an mhargadh á iompar abhaile aige ar ricseá. Inniu chonaic mé gabhar mór, meigeallach, breacliath ag baint ceoil as a chuid cloigíní taobh amuigh de shiopa ceirníní. Is aoibhinn liom na ceangail éachtacha, osréalacha seo a bhaineann geit as an tsamhlaíocht.

Katmandu is here to change you
not for you to change it

Ó, a Khathmandu, a strainséir dhuibh, a *sadhu* fhiáin an tsléibhe,
      bhuail mé leat aréir i mbeár buile na hoíche.
        Anois siúlann tú isteach i mo dhán,
suíonn tú síos ag béile bocht seo an bhriathair
      le do chlapsholas cnocach
      a thiteann mar chleite,
le do chuid adharc rabhaidh a chuireann m'aigne ag mótaráil
      i ricseá na samhlaíochta,
le do chuid *rucksack*annaí atá ag cur thar maoil le haislingí,
      le do chuid siopaí a bhfuil súil na sainte acu
      ar mo sparán,
le do chuid madaí a choinníonn an oíche go síoraí ag tafann,
      le do chuid brionglóidí a bhíonn ag eitilt mar fháinleoga
      i spéarthaí do shúl,
le do chuid buachaillí áille a bhfuil an ghrian ag gealadh ina ngáire
      is a shiúlann gualainn ar ghualainn
      i mbarróg an cheana,
le díomhaointeas gnoitheach do chuid sráideacha,
      le do chuid mangairí béal-líofa
      a labhraíonn liom i gcogar rúin,
le pianta breithe do chuid maidineacha maighdeanúla,
      le do chuid osnaí
      a ardaíonn tú mar shliabh,

le do gháire a osclaíonn romham mar ghleann,
  le do bhó a dhoirt bainne caoin a súl
  isteach i gcrúiscín mo chroí
  ar maidin,
le do chuid tráchta atá piachánach le haicíd na scamhóg,
  le do stuaim shóbráilte
  is le meisce magaidh do chuid margála,
le cumhracht spíosraí do shamhlaíochta,
  le dathanna niamhracha
  do dhorchadais,
le do chuid *hippies* a bhfuil a gcuid bláthanna seargtha in Freak Street,
  le do chuid treiceanna mistéireacha
  a fhógraíonn tú go glórmhar in
  Thamel mo dhóchais,
le do *stupa* súilaibí i Swayambhu a dhearcann orm idir an dá shúil
  le soineantacht súl leata an linbh,
le do fhreastalaí óg sa Pumpernickel a leagann pancóg órshúlach
  na gréine ar mo phláta am bricfeasta,
le do chuid sráideacha de *saris* lasánta ag luascadh mar lilíocha
  i mbog-ghaoth na tráchtála,
le do chuid sráideacha ar ar shiúil Bhupi Sherchan
  agus é ag iarraidh focla a chur
  le fonn fiáin do mhianta,
le dúch do dhorchadais a thugann tú domh sa dóigh go dtig liom
  scríobh faoin oíche
  atá ag múchadh m'anama,

le cuislí uisce do cholainne – an Bishnumati agus an Bagmati
    atá ramhar le salachar an tséarachais
    is a thugann taomanna lagbhrí duit i dteas an mheán lae
    agus brionglóidí buile
    i marbhthráth na hoíche,
le líofacht do chuid siopaí leabhar a fhágann mé balbh,
    le do chuid *cicadas* a chuireann tú a cheol
    i ngéaga traochta mo cholainne
    nuair a théim a chodladh,
le do chuid buachaillí bána a bhfuil dath na gaoithe is na gealaí
    i lí seirce a ngnúiseanna
    agus a bhfuil a bhfoilt ar dhath na bhfraochóg is duibhe ar an tsliabh,
le do bhuachaillín aerach sa Tantric Bookshop
    a chuimil mé go muirneach, modhúil, monabhrach
    le leoithne ghlas a shúl,
le do chuid teampall a osclaíonn romham mar bhláthanna
    an ródaideandróin.

Ó, a Khathmandu, a strainséir dhuibh, a *sadhu* fhiáin an tsléibhe,
    tusa a luascann idir an yak is an yeti
    mar a luascaimse idir yin agus yang –
tóg chugat mé idir chorp agus chleití,
    feistigh mé le clocha luachmhara
    do chuid ceoil,
lig do *phoinsettias* an phaisin deargadh i mbáine mo leicinn,
    ardaigh mé chuig sléibhte do smaointe

atá cuachta ansiúd i gceann a chéile mar thréad caorach tráthnóna
     ag cogaint na cíorach go meabhrach,
tusa a bhfuil cleachtadh agat ar chaill,
     cuir mé faoi bhrí na nguí;
ná fág anseo mé chomh truacánta le litir ghrá a caitheadh i leataobh ar
     chosán na sráide . . .

*T*á an mhaidin ag gealadh go malltriallach, an ceo ag éirí ina thulcaí tiubha ón talamh. Shamhlófá gur ceann tuí atá ar thithe. Tá dlaíóga caschiabhacha ceo á dtimpeallú. Is cinnte go gcuireann an ceo gnaoi agus cuma ar chuid d'ailtireacht ghruama na cathrach. Tá tionscal na tógála ag bláthú anseo ach níl i bhformhór na bhfoirgeamh úr ach spreanglacháin arda gan spriolladh, tá an chuma orthu uilig go bhfuil siad ar tí titim as a seasamh bomaite ar bith. Tá siad spuaiceach agus salach i gcló agus i gcrot, cuma na breoiteachta orthu.

Táthar den tuairim go dtarlóidh crith talún sa réigiún seo, bíodh sin luath nó mall. Tá na staidéir sheismeolaíochta uilig ag tuar tubaiste anseo ach ní léir domh go bhfuil na húdaráis ag tabhairt lá airde orthu. Níl na tithe úra seo daingnithe ar dhóigh ar bith le treisiú agus tacaíocht a thabhairt dóibh dá dtarlódh crith talún. Thitfeadh siad láithreach, ag marú na mílte is na mílte de bhunadh na cathrach. Rinneadh an-scrios ar Kathmandu i gcrith talún na bliana 1934 (8.3 ar scála Richter). Maraíodh 8,000 duine agus leagadh 3,000 teach nuair a mhaidhm an talamh fúthu ar 15 Eanáir 1934. Dá dtarlódh a mhacasamhail inniu chan scrios a dhéanfaí anseo ach léirscrios.

Tá mé anseo sa New Bus Park in Kathmandu, ceann cúrsa na mbusanna ar fad a théann go Trisuli agus go Dhunche. Tá mé ar mo bhealach go Gatlang, i gceantar Langtang, cóngarach do theorainn na Tibéide, le cuairt a thabhairt ar mo chara Pemba Thamang. Chuir mé aithne airsean ar mo chéad chuairt ar Neipeal. Bhí sé ar dhuine den bhuíon fear as Gatlang a d'fhostaigh muid leis an trealamh sléibhe ar fad a iompar dúinn ó bhunchampa Paldor go Trisuli. I gcaitheamh na seachtaine sin, ag siúl in uaigneas an tsléibhe idir an Tirudanda agus an Karpudanda, chuir mé na seacht n-aithne dhéag ar Pemba. Cha raibh aige ach Béarla briste ach ba chuma . . . bhí muid go mór ar ár suaimhneas le chéile. Anamchairde . . . faoi mar a bheadh seanaithne na díleann againn ar a chéile, ionas nár ghá focail le brí a thabhairt d'aithne an anama, faoi mar gur thrasnaigh ár gcinniúint go minic cheana féin i dtíortha, i dtreibheanna, agus i dteangacha difriúla agus nach raibh anseo ach cor eile i gcinniúint a thug i gceann a chéile arís muid.

Níl Pemba ach bliain agus fiche ach amanna agus mé ag amharc air d'fheicinn go raibh na saolta, saolta curtha de aige. Bhíodh cuma na seanchríonnachta air, amhail is gur tuigeadh dó a raibh ann, a bhfuil ann agus a mbeidh ann. Agus ansin, amanna eile, tchím nach bhfuil ann ach gnáthbhuachaill de chuid an tsléibhe; simplí, soineanta, gan léamh aige ná scríobh. Mar a bheadh scannáin éagsúla ann bhí an dá ghné seo dá phearsantacht ag teacht agus ag imeacht ar scáileán a dhreacha. Bhraith mé go raibh *presence* aige, go raibh sé i láthair ann féin, go raibh sé i dtiúin leis an limistéar céadfaíoch ina raibh sé ina chónaí, na críocha corpartha sin a shín óna cheann go dtína chosa.

Níl Pemba mórán le cúig troithe ar airde ach dálta na Thamang ar fad tá urra as cuimse ann. Bhí sé ag iompar corradh beag le sé clocha meáchain ar a dhroim ó Paldor go Trisuli, siúl sléibhe a mhair ar feadh seachtaine. Chuir sé mo sháith iontais orm ag an am an dóigh a dtiocfadh leis-sean an t-ualach droma sin a iompar, lá i ndiaidh lae, síos agus suas an sliabh agus a bheith i gcónaí séimh, suáilceach, caoinfhulangach. Chrom Dia an droim don ualach, a deirtear, ach ní raibh mé ariamh toilteanach a bheith i m'asal caoinbhéasach don Tiarna. Ach níl a athrach de dhóigh ag Pemba bocht le pingin a shaothrú.

Tá mé ag teacht aniar aduaidh air anois, ar bhealach. Níl a fhios aige go bhfuil mé sa tír ar chor ar bith. Chuir mé cárta poist chuige ag rá go mbeinn in Gatlang i mí na Nollag ach níl ach caolsheans ann go bhfuair sé é. Tá an post iontach neamartach, ar nós cuma liom, sa tír seo, go háirithe amuigh sna sléibhte. Agus tá Gatlang amuigh san iargúltacht ar fad. Chuir mé litir chuige ó am go ham le bliain anuas ag cur síos dó ar mo shaol in Éirinn ach níl a fhios agam ar shroich siad ceann scríbe nó nár shroich. Ní bhfuair mé freagra ariamh orthu.

Tá amhras orm ar thug mé an seoladh ceart liom ar chor ar bith nuair a bhí mé á bhreacadh síos ó Bhéarla bearnach Pemba. Lena chois sin táthar ag rá liom nach bhfuil sloinne Pemba agam ach oiread, nach bhfuil agam ach a chéad ainm agus ainm na treibhe dár díobh é. B'fhéidir nach bhfuil i ndán domh ach aistear an tseachráin. Ainneoin sin is uilig tá mé dóchasach go n-aimseoidh mé Pemba mar go bhfuil treoraí den chéad scoth, an Sherpa Ang Wong Chuu, liom fosta, le fios an bhealaigh a dhéanamh domh amuigh ar an tsliabh.

Chuir mé aithne airsean fosta ar mo chéad turas go Neipeal. Bhí sé linn go Paldor mar gurb é a uncail a bhí ina *sirdar* ar an ócáid sin. Ba mhór an chuideachta é sna sléibhte lena chuid cainte agus lena chuid ceoil. Lena chois sin bhí cumas agus ábaltacht as an ghnáth ann amuigh ar an tsliabh. Bhí sé cinnte de féin. Bhí ceannasaíocht aige thar a chomhghleacaithe. Ba léir go raibh an ceannas sin aige go nádúrtha. Bhí an ceann agus na guaillí aige, mar a déarfá, ar na giollaí eile i dtaca le fios gnoithe de. Bhí sé geallta agam dó ag an am go bhfostóinn é mar threoraí dá dtiocfainn ar ais go Neipeal.

Tá sé dhá bhliain is fiche anois agus é chomh ligthe, lúth le stoc saileoige. Bíonn aoibh an gháire i gcónaí ar ghealach chruinn a ghnúise. Tháinig sé go Kathmandu cúig bliana ó shin, áit a bhfuair sé fostaíocht i gcomhlacht treiceála. Bhí sé ag obair mar ghiolla cisteanadh ar dtús, agus ansin mar fhear iompair. Dhá bhliain ó shin d'éirigh leis teastas mar threoraí sléibhe a ghnóthú. Anois agus cáilíocht den tsórt sin aige tá éileamh air mar threoraí. Nuair nach mbíonn mórán oibre ag an chomhlacht treiceála aimsíonn Ang Wong Chuu a chuid turasóirí féin. Faoin tráth seo tá a ghréasán teagmhála féin aige. As Okhaldunga é, réigiún atá suite 200 ciliméadar soir ó dheas ó Kathmandu – cuid é de dhúiche Solu. An Solu agus an Khumbu a thugtar ar an dá cheantar sin atá suite sa chomharsanacht ag a chéile faoi scáth Everest. Seo an áit a gcónaíonn an líon is mó de Sherpaí Neipeal. Seo a bhfód dúchais. Sherpa! Sa Bhéarla tá sé le tuigbheáil gur fear iompair atáthar a mhaíomh leis an fhocal sin. Sin an tsamhail choitianta atá againn den Sherpa. Fear iompair ualaigh. Ach ciallaíonn an focal 'Sherpa', a deir Ang Wong Chuu liom, 'daoine as an oirthear'. Tháinig a mbunadh, a deir sé liom, as Kham in oirthear na Tibéide, amuigh agus istigh ar 600 bliain ó shin agus chuir siad fúthu i ngleannta an Khumbu. De réir mar a tháinig méadú orthu mar threibh spréigh siad ó dheas go Solu. Beidh mé ag tabhairt cuairte ar an cheantar sin i gceann seachtaine, tá súil agam. Tá sé beartaithe agam gabháil suas go Namche Bazar, príomhbhaile na Sherpaí, suite faoi scáth Everest. Tá súil agam, má aimsím Pemba, go mbeidh sé saor le teacht liom ar an treic sin.

De bharr nach bhfuil lóistíní ar bith in Gatlang tá orainn stór bidh a bheith linn, sorn beag cócaireachta agus puball codlata. Ina theannta sin, tá beart mór éadaigh liom, bronntanas do Pemba. Tá mise á scríobh seo ar an bhus a fhad is atá Ang Wong Chuu ag sórtáil ár gcuid málaí agus á gcur in airde ar ráca bagáiste an bhus. I Neipeal tá na feithiclí ar fad péinteáilte go glé glórmhar, dathanna tréana neamhbhalbha. Dathanna steireafónacha, d'fhéadfá a rá. Tá siad chomh glórach ina ndealramh, ina dteilgean, go bhfuil an t-aer ina dtimpeall ag *rock*áil agus ag *roll*áil. Mheasfá gur Ken Casey agus na Merry Pranksters a ghlac seilbh ar an chóras taistil agus gur spraeáil siad na busanna, na ricseánna agus na leoraithe le dathanna scléipeacha a gcuid spraoi.

❦

Tá mé ag scríobh na dialainne seo i seomra bidh an óstáin in Dhunche. Tá mé go díreach i ndiaidh tuirlingt den bhus, turas fada tuirsiúil, ocht n-uaire an chloig ó Kathmandu. Tá mé féin agus Ang Wong Chuu ag ithe greim gasta i gcuideachta a chéile: sú *noodles*, pancóga úill agus seacláid the. Agus mar a deireadh m'athair i gcónaí, fear nach raibh beadaí i gcúrsaí bidh, nuair a dhéanainn bia as an choitiantacht a thairiscint dó, prácás de chineál éigin as canna stáin nach raibh a dhath níos fearr ná bricfeasta madaidh: 'Cha bhfaighfeá níos fearr i Meiriceá'. Tá blas agus boladh ar an bhia seo i ndiaidh throscadh an turais nó ní raibh goile ar bith agam ar an bhus.

'*You no get any better in the United States,*' a deir Ang Wong Chuu le húinéir an óstáin nuair a tháinig sé anall chugainn ag fiafraí dínn an raibh an bia chun ár sástachta.

Ó d'fhág muid Kathmandu gan mhoill i ndiaidh an seacht ar maidin bhí muid ag tógáil an tsléibhe, suas . . . suas . . . suas. Bhí an bealach mór cúng, casta, clochach, gearrtha go minic ag tuilte tréana an tsléibhe ach míle uair ní ba mheasa ná sin bhí sé ag sní a chamchúrsa ar imeall creige. Anois agus arís thugainn spléachadh amach i ngan fhios domh féin agus, a Dhia na nGrást, cha raibh le feiceáil agam ar dhá thaobh an bhóthair ach duibheagán dubh an uafáis: titim de na céadta troigh, nó b'fhéidir na mílte troigh amanna, síos isteach i ndoimhneas slogach na ngleannta. Cha raibh a dhath idir muid agus an tsíoraíocht ach máistreacht agus ábaltacht an tiománaí.

Bhí fear ina shuí anonn uaim agus cúpla cearc leis i gcliabh beag ar a ghlúin. Gach uair a bhaintí croitheadh as an bhus, ligeadh ceann de na cearca scológ aisti. Ansin thosaigh cuid de na paisinéirí ag déanamh aithrise ar an chearc, ag tabhairt tionlacan *a capella* di, ionas go raibh an bus ar fad ag gocarsaigh. Bhí cleiteachán beag girsí ina suí in aice liom agus í ag ligean uirthi féin gur cearc ghoir a bhí inti – bhí sí ag croitheadh a cuid cleití agus ag piocadh a cuid clúmhaigh. Ansin phreab sí ina seasamh agus í ag scolgarnaigh agus, a Dhia, bhí ubh fágtha ina diaidh aici ar an tsuíochán! Ó, an chircín bheag chleasach! Thug muid ar fad bualadh bos di as a cuid cleasaíochta. Rachaidh sí i bhfad, an cleasaí beag seo. Agus ní raibh sí fuarbhruite ag teacht chun tosaigh, a lámh bheag amuigh aici ag lorg síntiúis ó na treiceálaithe a bhí ar an bhus. Bhí seans aici airgead a dhéanamh agus thapaigh sí an deis. Ba dhoiligh a leithéid de threallús agus de dhul chun cinn i nduine chomh hóg léi a dhiúltú. I ndiaidh di a cuid rúipithe a chur i dtaisce ina sparán, tharraing sí chuici an ubh arís, bhain an bhlaosc di agus d'ailp siar í go hamplach, ag baint smailc an tsásaimh as a goibín beag géar.

Taobh amuigh de Trusli tháinig fear beag feosaí ar bord agus é ag iompar mála saic ar a dhroim. Bhéarfá mionna go raibh an mála uair eile chomh toirteach leis féin. D'fhág sé an mála síos ar an urlár os coinne an dorais agus shuigh ina mhullach go colgach, coimhéadach. D'fhiafraigh mé d'Ang Wong Chuu cad é a bhí sa mhála agus dúirt sé gur dócha gur rís a bhí ann. Bhíothas ag piocadh suas paisinéirí go fóill, á ndingeadh siar isteach i mbolg an bhus, d'ainneoin nach raibh spás ar bith fágtha. De réir dealraimh ní dhiúltaítear d'aon duine agus níl dlí ar bith ar líon na bpaisinéirí. Bhí siad ina suí. Bhí siad ina seasamh. Agus bhí cuid eile ar an taobh amuigh ag marcaíocht thuas ar ráca an bhagáiste. Bhí fear an mhála ag blocáil bhéal an dorais sa chruth go raibh ar phaisinéirí, cé acu ag bordáil nó ag tuirlingt a bhí siad, an chonstaic chnapánach seo a shárú. Bhí fear an mhála ina shuí sa phasáiste chúng seo ina starrán creige sa tsruth daonna agus é ag déanamh neamhiontas glan den stiúrthóir óg a bhí ag tathant air go feargach bogadh i leataobh. Ba léir go raibh sé ag gabháil as a chraiceann ach dá gcuirfeadh sé amach a phutóga, dá gcuirfeadh sé thiar thoir, cha raibh fear an mhála ag gabháil a bhogadh. Fear an mhála *says NO!* Bhí sé suite san áit a raibh sé suite agus b'in sin. Sa deireadh, thug an stiúrthóir óg fogha fíochmhar i dtreo an mhála agus thosaigh á tharraingt as faoi thóin an úinéara. Cha raibh ann ansin ach bruíon agus bualadh . . . An stiúrthóir óg i ngreim i scóig an mhála, an fear beag feosaí i ngreim i dtóin an mhála agus an bheirt acu ag tarraingt ar theann a ndíchill. Sa streachailt seo go léir, roiseadh an mála ar bhior géar a bhí ag gobadh as íochtar suíocháin agus sceith an rís amach as bolg séidte an mhála ina chuisle gheal shruthshoilseach. Tháinig uaill chaointe ó fhear an mhála, olagón fada truacánta agus é ag caoineadh a chuid ríse a bhí ag sileadh go flúirseach ón stiall sa mhála. Go hádhúil, bhí cordaí agus sreangáin liomsa i mo mhála droma agus rinne mé tarrtháil air láithreach.

D'éirigh leis féin agus le Ang Wong Chuu an poll a phaisteáil le seanbhréid phóca agus ansin é a shnaidhmeadh suas le sreangán. Ansin thosaigh an racán arís mar nach raibh fear an mhála sásta luach an bhus a dhíol de thairbhe na híde a tugadh dó féin agus dá mhála ríse. Leis an tsuaimhneas a choinneáil, thairg mise an táille don stiúrthóir. Cha raibh i gceist ach 15 rúipí. Dúirt Ang Wong Chuu liom go raibh sé ar an bhealach go Ramche leis an rís a dhíol le siopadóir ansin agus go mba mhór an chaill air dá rachadh a chuid ríse amú − bheadh 800 rúipí ag teacht chuige ar mhála ríse . . . thart ar €13 in airgead s'againne agus sin measarthacht maoine i measc na gcnoc. Thuirling sé den bhus in Ramche, an mála á iompar aige idir ucht agus ascaillí. Ghuigh sé rath an bhealaigh ormsa agus lig sé rois mallachtaí ar an stiúrthóir óg. An t-amharc deireanach a fuair mé air, bhí sé crom os cionn an mhála ríse, á shuaitheadh is á shlachtú mar a bheadh *masseur* ann.

Ó Betrawati ar aghaidh trí Pháirc Náisiúnta Langtang chuaigh an bealach chun donais. Go minic bhí dronn ard chlochach i gcroí an bhealaigh agus clais dhomhain chlábair ar an dá thaobh. Bhí sé doiligh ag an bhus a cothromaíocht a choinneáil. Ba mhinic í ar leathmhaing, crochta go dainséarach idir dhronn agus chlais agus dá rachadh sí thar a corp cha raibh a dhath lena ceapadh ó imeacht thar imeall na haille. Bhí fonn orm an bus a fhágáil agus tabhairt faoi shiúl na gcos. Ar a laghad bheadh stiúir agam ar mo chinniúint féin ansin. Ach chuir Ang Wong Chuu ciall ionam. Tá seanchleachtadh aigesean ar thuras seo an tsléibhe. 'Cuir do mhuinín sa tiománaí,' a deir sé liom. 'Níl seisean, ach oiread leat féin, ag iarraidh imeacht thar aill.'

Ó Thare go Dhunche d'éirigh an bealach níos achrannaí agus níos dainséaraí, bhí na cora ag teacht chomh tiubh sin go raibh siad ag baint na sál dá chéile, gach ceann acu níos cúinge agus níos géire ná an ceann roimhe. Chluinfeá gach uaill chaointe á baint as cabhail an tseanbhus agus í ag streachailt agus ag spréachadh thart ar na casaíocha lúbacha seo. Le gach sputar dá mbainfí as an bhus bhí gach uile scairt cheoil as na paisinéirí áitiúla agus mise balbh le heagla. I ndiaidh ocht n-uaire an chloig i bpianpháis uafáis shroich mé Dhunche, reaite, cráite, meaite ach sábháilte. Gúrú maith agaibh, a dhéithe an tsléibhe.

Tá Dhunche suite ar an airde i mbéal na gaoithe. Anois agus an ghrian ag gabháil faoi tá siorradh feanntach ag siosarnaigh ar fud na sráide. Streachlán de shráidbhaile atá in Dhunche, suite ar leith an chnoic, os cionn abhainn an Trisuli. Chuirfeadh sé baile teorann as sean-Western i gcuimhne duit – an chuma leathdhéanta, leath-thógtha chéanna ar an chuid seo de atá ina boilsc mhíchumtha ar dhá thaobh an bhealaigh mhóir. Os mo chomhair amach tá sliabhraonta sneachta, Ganesh Himal agus beanna Langtang, gach ceann acu chomh géar, gágach le sábh siúinéara. Ardtráthnóna nuair a luíonn an ghrian orthu tig cuma aoibhiúil ar an chuid is aerachtúla acu. Anois agus lasadh an tráthnóna á dtéamh, tá a gcuid dathanna ag rith ina chéile ionas go dtéann siad ó ómra go liathchorcra go buídhearg go scothdhonn dorcha. B'fhiú an turas dian ó Kathmandu a dhéanamh lena leithéid d'amharc iontais a fheiceáil. Shuigh mé ar bhalcóin an óstáin ag baint aoibhnis as *'action painting'* na gréine ar chanbhás na gcnoc go dtí go ndeachaigh an fuacht go cnámh ionam.

Tar éis an dinnéara, i dtrátha an hocht, chuaigh mé a luí. Am éigin, amach go maith san oíche, mhúscail mé. Shíl mé ar dtús go raibh an baile i seilbh na mban sí. A leithéid d'uaillghol, d'éagnach thruacánta char chuala mé ariamh. Ag éisteacht leis an uallfairt scanrúil seo tháinig uamhan uaignis orm. De réir a chéile, tuigeadh domh gur na seacáil amuigh i marbhthráth na hoíche a bhí ag tógáil an olagóin seo. Thit mo chodladh orm arís agus gach glam chaointe acu ar fud an bhaile.

Inniu shiúil muid in íochtar an ghleanna ó Dhunche trí Barku go Syabrubensi. Bhí an lá aoibhinn, te gan a bheith marbhánta. Bhí leoithne bheag ghaoithe linn i gcónaí, ár ngiolla dílis le muid a choinneáil fionnuar agus freiseáilte. Ó am go ham réab an ciúnas inár dtimpeall agus tháinig creathán ar an aer. Bhíothas ag pléascadh carraigeacha thuas sna cnoic, a dúirt Ang Wong Chuu. Is dócha go rabhadar ag gearradh bealach úr tríd an sliabh nó ag fairsingiú an tseanchosáin. Is minic a chuireann bealach mór níos mó de chor i gcinniúint agus i gcultúr na ndaoine atá ina gcónaí ar an iargúltacht ná mar a chuireann scoil. Tig an saol iasachta isteach leis an bhealach mhór. Ní bhíonn sé i bhfad go ngéilleann muintir na cúlchríche don nósmhaireacht nua. Tá an rud deoranta, dar leo, níos fearr ná an rud dúchasach. Tá sé doiligh ag pobal sléibhe mar seo saol agus saoithiúlacht s'acu féin a chosaint agus a choinneáil slán ó thonn thaoscach na turasóireachta atá ag madhmadh isteach ina mullach. Tig an t-airgead isteach leis an tuile seo agus téann an tsaíocht amach leis an tsruth.

Chaith muid an oíche in Syabrubensi, baile beag codlatach istigh i mbaclainn na gcnoc.

Tá mé féin agus Ang Wong Chuu anseo ar bharr an chnoic os cionn Syabrubensi, ag tarraingt ár n-anála i ndiaidh dhá uair an chloig siúil aníos in éadan na malacha. Turas allasach.

Tá scaifte beag eile ina suí anseo fosta ag déanamh a scíthe. Is de threibh na Thamang iad den chuid ba mhó, an treibh is líonmhaire sa taobh seo tíre. Iad cóirithe i mbáinín baile, brocach, dearg agus glas, caipíní olla agus criosanna coime. I measc na bhfear seo bhí ógfhear amháin a bhí gléasta in éide níos nua-aoisí. *Jeans*, seaicéad *zipp*áilte agus *baseball cap*. Thug mé faoi deara go raibh sé do mo ghrinniú go géar agus ag an am céanna ag breathnú ar ghrianghraf a bhí aige i gcúl a láimhe. Ansin tháinig sé anall chugam agus arsa seisean:

'Excuse me, sir, you are the good friend of Pemba Thamang, yes?'

Bhain sin preab asam. Chinn sé seo ar aon chomhtharlú a tharla domh ariamh.

'Yes,' arsa mise agus mo sháith iontais orm.

Char leag mé súil ar an fhear seo ariamh, agus iontas na n-iontas, anseo i measc na gcnoc, bhí aithne aige orm! Ansin d'inis sé an scéal dúinn. Pemba Lama an t-ainm atá air agus tá sé ina mhúinteoir scoile in Gatlang. Am éigin anuraidh tháinig Pemba Thamang chuige le litir a fuair sé uaimse le go léifeadh sé dó í. Mar chomhartha buíochais thug sé grianghraf s'agamsa don mhúinteoir. Cha raibh i seilbh an mhúinteora ach an t-aon ghrianghraf amháin, pictiúr díomsa, agus bhí an pictiúr sin i dtaisce go cúramach aige ina sparán. Bhí sé ina iontas aige anois ábhar an phictiúir sin a fheiceáil os coinne a dhá shúil, amhail is dá siúlfainn amach as an ghrianghraf.

Nach iontach an comhtharlú é seo, mise agus an múinteoir óg a bheith ar bharr an chnoic ag an am céanna. Is léir go bhfuil mé faoi choimirce Ganesh, an dia a thugann treoir agus tacaíocht don taistealaí. Is cinnte gur sheol sé an fear seo chugam le mé a threorú chuig Pemba. Cha raibh mé cinnte an mbeinn ábalta

Pemba Thamang a aimsiú nó tá an t-ainm sin (an Thamang a saolaíodh ar an tSatharn is brí leis) chomh coitianta i measc na treibhe seo, de réir cosúlachta, agus atá Seán Ó Gallchóir i measc mo dhaoine féin i nDún na nGall. Ach anois tá cér bith a bhí ag déanamh dorchadais domh tugtha chun solais. Tá an t-ádh liom agus tá an t-ádh orm. Tá na comhtharlúintí seo an-aisteach. Amanna shílfeá go bhfuil an aigne nó gné éigin de chumhacht agus de chumas na haigne ag feidhmiú go neamhspleách, ag déanamh cinntí thar ár gceann, ag stiúradh ár gcinniúna i ngan fhios dúinn sa ghréasán cosmach. Seo Idirlíon na hinchinne.

D'inis an múinteoir domh gur pósadh Pemba Thamang i gcaitheamh na bliana seo caite agus go bhfuil sé ina chónaí anois i dtigh na mná in Gri, baile beag sléibhe, cúpla uair an chloig siúil ó Gatlang. Ach chuirfí, a dúirt sé, coisí luathchosach trasna an chnoic láithreach le hinsint dó go raibh mé in Gatlang.

❦

Tá ár gcampa tógtha anseo againn i gcoirnéal beag cluthar i gceann cuibhrinn, claí cloch os ár gcionn, macasamhail na gclaíocha sa bhaile. Anonn uainn tá baile Gatlang, suite ar learg lom an chnoic. Bíonn an talamh ar fad amuigh bán an t-am seo bliana ach bíonn gach orlach de míntírithe, oibrithe, saothraithe, tógtha sraith ar shraith ina laftáin bhláfara. Tá muid istigh i ngrianlúb an chnoic, in íochtar an ghleanna, sléibhte sneachta dár gcrioslú, aoibh ghorm ar an spéir. Tá Langtang Lirung ar ár gcúl ag baint searradh as a ghuaillí sneachta i dteas na gréine, 7,000 méadar d'fhearúlacht fhíochmhar fathaigh ag síneadh chun na spéire. Álainn agus allta! Tá sneachta anseo fosta, cnuasaithe istigh i bpócaí ar chúl na gréine. Bhí sé doiligh ár gcosa a choinneáil ar an chabhsa anuas chun na háite seo. Bhí sé ina ghloine dhubh oighir. Tá cnoc dronnach anonn uaim agus é beagnach feannta, a chóta créafóige silte ar shiúl. Anseo agus ansiúd, mar a bheadh guairí muice ann, tá crann nó dhó ina seasamh ar a chliathán lom. Níodh an garr agus an tsaill mhéith as an talamh nuair a gearradh na crainn a bhí á chlúdach. Anois tá cuma bhocht, dhealbh ar an chnoc. Seo an creimeadh a tharlaíonn de bharr ídiú na gcrann.

Char luaithe muid anseo gur tháinig scaifte páistí chugainn. Am scoir na scoile a bhí ann agus tháinig siad chugainn ar a mbealach abhaile. Ba mise an t-iontas saolta ina measc le mo cheamara, le Walkman, le bia i gcannaí, le bróga sléibhe, le gloiní gréine. Is annamh a fheiceann siad lucht campála abhus anseo in Gatlang. Bhí siad seachantach ar dtús, ag gáire go faiteach is ag gabháil i bhfolach ar chúl a chéile nuair a labhraínn le duine acu, ag pocléimnigh as mo bhealach mar choiníní nuair a dhéanainn iarracht duine acu a cheapadh. Ach nuair a tharraing mé amach mála mór milseán, fuair an cíocras bua ar a bhfaitíos agus theann siad thart orm go cuideachtúil. Tig deora le mo shúile nuair a fheicim na páistí beaga bratógacha seo agus iad ag amharc orm go himpíoch. Ba mhaith liom a bhfuil i mo phócaí a thabhairt dóibh ach ní dhéanann déirc seo an Domhnaigh ach dochar dóibh mar dhaoine. Caillfidh siad a ndínit mar dhaoine má théann siad i muinín na déirce. Is cinnte gur aicme gan aird atá i mbunadh seo na gcnoc, scuabtha i leataobh ag scuab na staire. Tá náire orm bheith ag cúlchoimhéad ar a gcruachás. Tá dóigh anásta ar bhunadh Neipeal, bochtaineacht agus beaginmhe gach áit. Níl siad ag fáil bháis leis an ocras ach níl ag a mbunús ach ón lámh go dtí an béal. An cineál cruatain a bhí coitianta in iarthar na hÉireann go dtí tús an 20ú haois.

Tá an ghrian atá ag dul i dtalamh anois ag baint lasadh deiridh an lae as sneachta an tsléibhe. Tá Langtang Himal báite i solas buí-órga na glóire, bearradh fuar an tsiocáin ar an oíche atá ag dlúthú isteach linn go tapa. Tá Ang Wong Chuu ag ullmhú bidh ar an tsorn beag ceirisín a thug muid linn ó Kathmandu.

Tá mé díreach i ndiaidh cuairt ghasta a thabhairt ar bhaile Gatlang. Seo saíocht ársa sléibhe nár tháinig aon mhórathrú ar a gnásanna beatha ná ar a cleachtas oibre leis na cianta. Tá siad beo de réir ghnáis a sinsear. Tá bealach mór anois ar an droim os ár gcionn, bealach atá ag síneadh ó Syabrubensi go dtí na mianaigh luaidhe in Somdang. Agus mé ar mo shlí anseo ó Syabrubensi, bhíothas ag obair ar an ród seo le tochaltóirí, le tarracóirí, le leoraithe; teicneolaíocht ár linne ina neart, taispeántach, taibhseach. Ach anseo i mbaile Gatlang, leathmhíle ón láthair oibre sin, níl rian ar bith den 20ú haois. Anseo tá siad ina gcónaí in am eile, in aois eile. Tá an t-ádh orm go bhfaca mé saíocht seo an tsléibhe, te teasaí i bhfuil agus i bhfeoil, sula scriosfar é, sula dtiocfaidh fuarú an bháis air, sula ndéanfar é a chaomhnú go meicniúil i gcartlann taifid.

Is mó de chlachan atá in Gatlang ná d'aon rud eile, daoine lena gcuid ainmhithe agus lena gcuid éanlaithe cruinnithe i gceann a chéile. Chonaic mé sealbhán beag bó agus buabhall ar teaghrán taobh amuigh de gach teach. De dhéanamh cloiche atá na tithe. Iad ar fad dúdhonn, dorcha ina ndreach ach go bhfuil snoíodóireacht álainn adhmaid os cionn na bhfuinneog. Obair ghalánta a chuireann snua an tsaibhris ar an anás. Níl a leithéid de rud agus solas leictreach ná córas séarachais anseo. Anseo tá an duine, an sliabh agus an talamh fite fuaite i gcinniúint a chéile, múnlaithe i gcosúlacht a chéile. Tá na haghaidheanna ar fad snoite go cnámh amhail is dá ngearrfaí iad as carraigeacha an tsléibhe. Níl aon chuid de shólaistí ná de shómas an tsaoil ag na daoine seo. Ach in ainneoin na gannchoda agus an chruatain bíonn aoibh an gháire orthu . . .

Anocht oíche Nollag. Ach níl aon trácht ar an Nollaig anseo.

Ar scor ar bith, is i mBúda a chuireann na daoine seo a ndóchas agus chan i gCríost. Tá comharthaí sóirt an chreidimh sin le feiceáil ar fud fad na háite, bratacha beaga éadaigh a bhfuil paidreacha breactha orthu ag siabadh i mbéal na gaoithe, scrínte cruinne cloch – 'chorten' a thugtar orthu seo – agus ballaí beannaithe a bhfuil leacacha greanta le scríbhinní diaga ina seasamh ar a gcorr ina dtimpeall. De réir ghnás an Bhúdachais siúltar deiseal timpeall na mballaí seo i gcónaí.

Oíche Nollag ach níl cur amach ar bith ag páistí sna cúlchríocha seo ar Santa Claus. Ar ndóigh, ba dhoiligh do Santa teacht chucu i marbhthráth na hoíche anseo mar nach bhfuil simléar ar theach ar bith. Tháinig mé go Neipeal le héalú ón riastradh siopadóireachta agus ón mhearadh ceannaigh a thig orm sa bhaile an tráth seo bliana. A leithéid de chur amú airgid nuair a thiocfadh liom é a úsáid le cuidiú leis na daoine bochta seo, a osclaíonn a ndoirse agus a gcroíthe romham go fáilteach.

Maidin ghalánta ghréine. Bhí daoine anseo i ndiaidh am bricfeasta ag lorg cóir leighis. Síleann siad go bhfuil cógais íce de gach cineál liomsa. Fear le créacht dhomhain ina chos. Girseach bheag a raibh bruth nimhneach faoina súil. Bean a raibh a méar ag déanamh angaidh. Is beag a thig liom a dhéanamh dóibh ach an gortú a ní agus cóiriú a chur ar an chneá. Tá mé buartha nach bhfuil cur amach ceart agam ar gharthartháil. Níl dochtúir ná banaltra ar bith in Gatlang ach dá mbeadh féin, ní bheadh airgead ag na daoine seo le díol as seirbhís sláinte de chineál ar bith.

Nuair a bhí an clinic thart agus mo chuid othar ar fad bailithe leo abhaile, bhí mé féin agus Ang Wong Chuu inár suí ag ól caife nuair a chonaic muid Pemba Thamang ag rith anuas an mhalaidh ar ár gcúl agus é ag scairtí in ard a chinn is a ghutha 'Cathal! Cathal!' I dtobainne bhí sé os mo choinne, gnaoi na gréine ag lasadh a ghnúise, agus ansin bhí sé snaidhmthe ionam i mbarróg an cheana.

I am loving to see you, my brother,' arsa seisean, deora áthais lena shúil.

Tá Pemba pósta anois agus oidhre mic aige. Phós sé iníon feirmeora as

Gri, baile beag sléibhe, dhá uair an chloig siúil ó Gatlang. Ós rud é nach raibh ag muintir s'aicise ach í féin, fuair Pemba teach agus talamh i dteannta na mná. Eisean an cliamhain isteach. Fuair siad fear óg ábalta le cuidiú leo an talamh a oibriú, rud a bhí de dhíobháil go géar orthu. Tá an chuma ar Pemba go bhfuil cleamhnas sásúil déanta aige agus go bhfuil sé ina shuí go te i dtigh na mná.

Tugann sé cuireadh domh féin agus d'Ang Wong Chuu anonn go teach a thuismitheoirí. Siúlann sé le mo thaobh, a lámh aige faoi mo choim. Nuair a fhéachaim i leataobh air, tchím go bhfuil a aghaidh álainn lasta le lúcháir. Tá an solas ina ruaithne reatha ag sní thar mhogaill fhraochmhara a fhoilt. Tá a chraiceann grianbhuí déanta as mil na mbeach, as im tíre, as slaod den tsabhaircín. Nuair a leagaim mo mhéara ar chaol a láimhe, mothaím sruth beo a bheatha ag cuisliú óna chroí is ag gabháil tríom ina chaise mhire ainmhéine. Amharcann sé orm go ceanúil agus déanann sé gáire beag feasach. Siúlaimid ar aon choiscéim ar an chabhsa chasta, chrochta, trí chuibhrinn Gatlang go dtí an teach inar tógadh é.

Teach dhá stór atá ann, an chéad urlár tógtha le clocha, an dara hurlár déanta as adhmad. Coinníonn siad eallach agus éanlaith ar íochtar, cónaíonn an teaghlach ar uachtar. Téann muid suas ar dhréimire adhmaid agus isteach i seomra leathdhorcha, toiteach. Láithreach tá greadfach i mo shúile leis an toit atá ag éirí ina saithe ghoinideach ó thine i ceartlár an urláir. Níl simléar ar bith ar an teach leis an toit a ligean amach. Tá sí ag rothlú timpeall an tí ina plá phlúchtach. De réir a chéile tchím toirt anseo agus ansiúd sa tseomra. Cuireann Pemba a athair in aithne domh. Baintreach fir leathchéad bliain d'aois. Níl mórán méide in Pemba ach tá an t-athair níos lú arís. Leipreachán beag bratógach d'fhear atá ann, roicneacha an anró ina aghaidh. Tá mé cinnte go raibh sé gnaíúil lá den tsaol ach níl fágtha den sciamh sin anois ach na súile.

Súile caoine, cineálta, lán de sholas. Sílim go bhfuil níos mó solais ag sileadh as na súile seo ná mar atá ag teacht isteach tríd an fhuinneog. Tá Pemba ina sheasamh lena thaobh, an caoineas céanna ina shúilesean. Faigheann an t-athair greim láimhe orm agus treoraíonn sé mé chuig stól beag cois na tine. Faoin am seo tá an teach lán, comharsana fiosracha a tháinig isteach leis an strainséir geal a fheiceáil. Tchím iad do mo ghrinniú i mbreacdhorchadas an tseomra. Is mise an t-iontas ina measc, an taispeántas taibhseach as saol eile. Tá mé i gcúram Pemba agus Ang Wong Chuu, iadsan na coimeádaithe atá i bhfeighil an taispeántais. Tá orthu mé a phlé, a mhíniú, a mheá os comhair an tionóil seo. Tá sioscadh cainte ar fud an tseomra. Tá mé ag éisteacht le teanga na Thamang. Uaireanta tig a gcuid cainte leo amhail is dá mbeidís ag scaoileadh rois piléar as a mbéal. Amanna eile is mó de bhogshodar capaill ar chosán gairbhéil na fuaimeanna a chluinim i mo thimpeall. Is beag díobh seo a bhfuil Béarla acu diomaite den chúpla focal a d'fhoghlaim siad ar scoil nó a phioc siad suas le linn dóibh a bheith ag iompar ualach do thurasóirí.

Cuireann fear leathaosta, atá ina shuí ar leabaidh chnaiste sa choirnéal, ceist orm:

'Where come from?'

'Ireland,' arsa mise. Seo an chéad uair a chuala siad focal asam ó tháinig mé isteach. Tig tost ar a bhfuil i láthair.

'Iceland cold,' arsa mo dhuine. Ar chúis éigin tá *'Iceland'* ar bharr a ngoib acu sa tír seo.

Chan seo an chéad uair domh a bheith ag iarraidh a chur ina luí ar dhuine éigin gur as *'Ireland'* mé seachas *'Iceland'*.

'Ireland,' arsa mise ag baint faid as an fhocal agus á fhuaimniú go mall. *'Ireland, not Iceland.'*

'No Iceland,' arsa seisean.

'Yes,' arsa mise. Bhí muid ag teacht ar thuiscint.

'*You come not Iceland.*'

'*Yes.*' Is fearr an dearbhú simplí, shíl mé.

'*You come Iceland.*'

'*No! I come Ireland.*' Amach as dráma de chuid an *absurd* a bhí an comhrá seo ag teacht.

'*Ireland not Iceland.*' Faoi dheireadh bhí muid ar thalamh slán. Tháinig teangacha tine na tuisceana anuas air.

'*No,*' arsa mise, ag cinntiú gur fíor a ndúirt sé.

'*No?*' arsa seisean go ceisteach. Bhí éiginnteacht sa cheist sin.

No,' arsa mise go dearfach.

D'amharc sé idir an dá shúil orm. Bhraith mé go raibh trua aige domh. Ansin tháinig loinnir ina shúile. Soilsíodh rud éigin dó.

'*Where come from?*'

Bhí mé caillte, chomh fada agus ba léir dósan, agus bhí sé ag iarraidh mo chuimhne a spreagadh. Labhair sé go séimh, '*Where come from? USA?*'

'*Yes! Yes!*' arsa mise go gliondrach, amhail is dá mbeadh fios gach feasa faighte agam. Chonaic mé go raibh Ang Wong Chuu ag baint an-sult as an chomhrá sheachránach seo. Bhí fear an choirnéil ar a shuaimhneas anois. Bhí sé ag míniú don chomhluadar gur Meiriceánach a bhí ionam. Tugann Pemba pláta prátaí chugam, pinse salainn agus babhla de bhainne milis. Amharcann sé orm go hamhrasach.

'*Ireland in America?*' a fhiafraíonn sé díom. Tá sé ag iarraidh ciall a bhaint as an chasadh seo a rinne Meiriceánach díom. Iarraim ar Ang Wong Chuu an scéal a mhíniú dó ar a chaoithiúlacht. Tá cur amach cruinn aigesean ar thíreolas an domhain.

Bhí an béile blasta. Cha chreidfeadh siad é dá n-inseoinn dóibh gur tógadh mé ar phrátaí, ar bhainne agus ar shalann. Cha chreidfeadh siad nach raibh againn sa bhaile ach an beagán, a ndálta féin, go dtí gur tháinig biseach ar shaol na hÉireann sna seascaidí. Síleann na daoine bochta seo, is dócha, gur de dhaoine rachmasacha mé. Ar ndóigh, tá dóigh dhuine uasail orm i gcomórtas leis an dóigh dhearóil atá orthusan. Ach a ndálta féin, rugadh mise sa tsúiche fosta agus tógadh mé sa toit.

Nuair a d'fhiafraigh mé de Pemba an dtiocfadh sé ag treiceáil liom, ba eisean féin nár dhiúltaigh domh. Lig sé liú áthais as féin le tréan lúcháire agus dúirt sé go raibh sé réidh le gabháil i mbun bealaigh láithreach bonn. Ghléas sé é féin san éide úr a thug mé dó, cóta gorm clúimh, bríste treiceála, léine sheic agus bróga sléibhe. Nuair a tháinig sé inár láthair sa chóiriú nua, a aghaidh nite agus a ghruaig slíoctha, chonacthas domh go raibh sé ní ba dhóighiúla ná mar a bhí ariamh.

Bheartaigh muid filleadh go Syabrubensi i ndiaidh am lóin, an oíche a chaitheamh ansin agus bus na luathmhaidine a fháil go Kathmandu.

❦

Syabrubensi. Mise seascair i mo mhála codlata ar leabaidh amháin, Pemba trasna uaim ar leabaidh eile, é cuachta suas i mblaincéid throma olla. Tá Ang Wong Chuu sa tseomra béal dorais, é féin agus Sherpa eile, cara dá chuid atá ag treorú buíon Gearmánach thart ar cheantar Langtang. Níos luaithe bhí mé féin agus Pemba amuigh ag siúl. Oíche réabghealaí agus an spéir glé le coinnle na n-aingeal. Bhí mé ag rá le Pemba nuair a bhreathnaím ar an spéir in Éirinn go bhfeicim na réaltaí ceannann céanna seo atá ag glioscarnaigh os ár gcionn anocht. Nuair a mhínigh mé dó gur Bealach na Bó Finne a thug muidne sa bhaile ar an chosán solais a thrasnaigh an spéir tháinig aoibh air agus arsa seisean go croíúil, 'Lá éigin thiocfadh liom féin, b'fhéidir, agus le mo chuid ba siúl trasna Bhealach na Bó Finne go hÉirinn.' Fuair sé an ball bog ionam leis an chaint sin. Bhéarfainn a bhfuil agam agus tuilleadh lena thabhairt go hÉirinn dá mba mhian leis gabháil liom. Ach tá cúram tí agus clainne air anois.

Bhí brionglóid agam i gcaitheamh na hoíche a bhain croitheadh asam. Síleadh domh go raibh an teach faoi ionsaí. Bhí baicle bhrúidiúil fear ag briseadh isteach, crios de bhlaoscanna cloigne ceangailte thart ar chom gach fir acu. Bhí siad ag déanamh orm go bagrach agus gan dóigh ar bith agam le héalú uathu. Nuair a bhí siad ar tí breith orm tháinig athrú cló orm i dtobainne. Rinneadh iolar breacliath, craosach díom os a gcomhair. Chonaic mé iad ina seasamh thart orm, creathnaithe ag an taispeánadh aduain seo a rinneadh dóibh. Gan mhoill bhí siad ag cromadh cinn agus ag feacadh glúine agus ag glaoch os ard, '*Garuda! Garuda!*' Nuair a d'eitil mé amach as an teach bhí daoine á gcaitheamh féin síos ar an talamh, ag umhlú roimh éan na mistéire. Chuir an t-ómós seo uilig uamhan orm agus uafás. Tháinig uaill chaointe asam. Is cosúil gur chuala Pemba mé ag éagnaigh i mo chodladh agus tháinig sé anall chugam le mé a cheansú. Nuair a mhúscail mé agus mé ar maos in allas, bhí sé ina shuí ar cholbha na leapa, a lámh leagtha aige go héadrom ar chlár m'éadain agus é ag cogarnaigh liom go ceanúil, 'OK, OK!' Bhain mé fad as an teagmháil bhog bhráithriúil sin sular chuir mé in iúl dó go raibh mé ceart go leor. Shín sé é féin ar ais ina leabaidh agus i gceann achair ghearr bhí sé ina chnap codlata. Am éigin anonn san oíche nuair a d'fhéach mé ina threo bhí luisne na gealaí ina luí ar a aghaidh óg, álainn, á mhuirniú agus á phógadh. Bhí gealach mhór ómra, caoin ina dreach, ina suí san fhuinneog agus í ag faire air go lách. Cuimhneoidh mé ar an radharc sin i gcónaí, é sínte ansin ar shlat a dhroma, aoibh an tsolais air agus é beag beann ar an bheirt againne, mé féin agus an ghealach, a bhí á fhaire.

Tá mé á scríobh seo le teacht an lae, fad is atá Ang Wong Chuu agus Pemba i mbun na pacála. Ar ball beidh muid ag triall ar Kathmandu in Land Rover úrnua, sócúlach seachas ar *banger* de bhus a d'fhágfadh duine sna croití deireanacha. Tráthnóna beag aréir chuaigh Ang Wong Chuu chun cainte leis an tiománaí a bhí i ndiaidh triúr turasóirí a thiomáint aníos ó Kathmandu. Tar éis babhta fada margála tháinig siad ar shocrú. Dhá scór dollar a bhí uaidh, a dúirt Ang Wong Chuu liom, leis an triúr againn a thabhairt go Kathmandu. 'Bíodh sé ina mhargadh,' arsa mise láithreach.

*F*uair mé fear gluaisteáin le muid a thiomáint ó Kathmandu go Jiri, cé go raibh sé costasach ar thrí scór go leith dollar. Char ghlac sé ach sé huaire an chloig orainn an turas a chur dínn ar ár suaimhneas seachas a bheith teanntaithe istigh i mbus plódaithe, mallghluaiste, plúchtach, ar feadh dhá uair déag ag ithe na méar le mífhoighid. Bhí Ang Wong Chuu agus Pemba Thamang – mo bheirt bhráithre sa tsiúl – ag déanamh lúcháire sa tsuíochán cúil as siocair a bheith ag taisteal i gcompord sómasach an ghluaisteáin. Níl cleachtadh ag ceachtar acu ar an chineál seo só. Cér bith a shaothraíonn siad mar ghiollaí, agus is beag é, ní bhíonn sé acu i ngan fhios dá gcnámha. Ach ina dhiaidh sin agus uile, char chuala mé ariamh iad ag clamhsán ná ag casaoid. Bíonn an dea-fhocal i gcónaí acu agus an gáire. Ach sílim nach mbeifí i bhfad á gcló leis an tsó saolta seo agus leis an bheadaíocht boird agus bidh a bhí againn don bhricfeasta i mbialann an Hotel Buddha. Chuir boladh na cisteanadh faobhar ar a ngoile agus d'ith siad a dteannsáith de bhia méith na maidine.

Fear óg ar bheagán focal a bhí sa tiománaí. Chan dúranta a bhí sé ach dúrúnda. *'I no know'* ba mhinice as a bhéal go dtí gur tharraing mé a aird ar staid na tíre. Ansin d'éirigh sé níos diamhaire ná ariamh. Bhí claonadh ann fad a bhaint as gach focal.

'You queen . . . me queen . . . who bring water from well,' arsa seisean go tráthúil agus muid ag tiomáint thar bheirt bhan a bhí ag iompar buicéad uisce as tobar. Cha raibh saol agus stiúrthóireacht na tíre ina shásamh. Bhí barraíocht ceannsmachta agus cumhachta ag na húdaráis agus cha raibh siad ag gníomhú ar mhaithe leis an choitiantacht. Ach cad é mar a thiocfadh leis an té nach raibh meáchan ar bith ina fhocal, a dúirt sé, feabhas a chur ar chúrsaí? Chan fear a bhí ann a mbeadh fonn air a bheith ag cothú ceannairce. 'Má tá cónaí ort san uisce,' arsa seisean, 'ná déan namhaid den chrogall.' 'Ná

habair le haon duine cá dtriallann d'aigne,' a chomhairligh sé domh. 'Amharc ó dheas agus tú ag gabháil ó thuaidh.'

Tháinig sé chun an bhéil chugam a rá leis gurb é an tost seo, an tsúil chaoch seo, a chothaíonn caimiléireacht agus a cheadaíonn do lucht na gcambheart teacht i dtreis. Ach choinnigh mé srian ar mo theanga. Tá faichill a thóna féin ar gach fear agus tá an rud atá á rá aige chomh ceart agus atá sé ciotach. Is minic gur leon muid sa bhaile agus gur luchóg muid sa choill.

Ó Kathmandu thiomáin muid ar an Arniko Rajmarg, bealach a tógadh le cabhair na Síne i dtús na seascaidí agus a shíneann ó thuaidh ó Lamosangu go Kodari agus uaidh sin go teorainn na Tibéide. Thriall muid soir ó thuaidh trí bhailte beaga na Newar – Bhaktapur, Banepa, Dhulikhel – a gcuid pagódaí ar dhath dúdhearg na talún, snoíodóireacht adhmaid a gcuid teampall, ársa agus álainn, á snoí agus á caitheamh ag truailliú toiteach an tráchta. Agus tá Coca Cola i réim gach áit, ag coilíniú na mbocht agus na mbodach, ag Meiriceánú a ndearcaidh agus a ndóighe. Agus níl Kit Kat i bhfad chun deiridh san impiriúlachas milsíneachta seo.

Bhí an carr in ord maith, glansciúrtha, snasta, freiseáilte. Ba léir gur chuir an tiománaí saothar air féin á coinneáil i mbarr a maitheasa. Cha raibh masla ar bith uirthi ag tógáil na malacha ach oiread is dá mbeadh eiteoga fúithi agus ar an chothrom bhí sí ag crónán go sásta amhail is dá mba chat í a mbeifí á slíocadh go sochma síos fad a droma. Bhí gach aon léim lúith chun tosaigh aici thar phoill agus thar uchtóga. Bhí lámh mhaith ag an tiománaí ar an stiúir. Thiomáin sé go réidh agus go stuama, súil ghéar aige i gcónaí ar an bhealach chnapánach, chlochach, chorrach seo. Shnigh sé a chamchúrsa le míneadas máistriúil thar pháistí a bhí ag déanamh scléipe i lár na slí, thar thréadaithe lena gcuid sealbhán bó, buabhall agus gabhar ag iníor ar ghruaimhín an bhealaigh, thar thiománaithe corrmhéineacha agus thar leoraithe ceanndána.

Ag Lamosangu thiontaigh muid den Arniko Rajmarg, thrasnaigh muid an Sun Kosi, Abhainn an Óir agus chas muid soir i dtreo Jiri. Bhí muid anois ar bhealach a tógadh le cabhair ó Rialtas na hEilbhéise agus a críochnaíodh i 1984 nuair a shroich sé a cheann cúrsa in Jiri. Tá sé 188 ciliméadar, a dúirt an tiománaí liom, ó Kathmandu go Jiri. Faoi mheán lae bhí sé te i bhfarradh is mar a bhí sé ar maidin agus tháinig sámhán beag orm i marbhtheas an chairr. Nuair a chlis mé as mo chodladh bhí muid ag tarraingt isteach go Charikot lenár gcnámha a shíneadh agus le greim gasta a ithe.

Agus mé i mo shuí do mo ghrianú féin taobh amuigh den Laxmi Lodge in Charikot, tháinig buachaill beag bratógach chugam ag cuardach déirce. Thairg mé cúpla oráiste dó agus traidhfil rúipithe. Ghlac sé leo go lúcháireach. Ansin tharraing sé Walkman de dhéanamh Sony amach as póca a chasóige. Tháinig sé i seilbh an ghléis seo ar maidin agus é amuigh ag dreasú na ngabhar. Chonaic sé é ag glioscarnaigh san fhéar. Bhí an t-ádh dearg air, a dúirt sé, a leithéid de rud a aimsiú. Cha raibh de sheilbh shaolta aige ach an Walkman agus an t-éadach a bhí ag sileadh ina streachláin leis. Nuair a thiocfadh crua air amach anseo dhíolfadh sé an Walkman. Is minic a bhíonn cíor ag fear na blagaide agus ba é a dhálta sin é ag an bhuachaill seo.

Ó Kirantichhap go Kabre bhí an talamh ag dul i ndeise agus i ndeismireacht, gach gabháltas oibrithe agus saothraithe go bun na gclasán. Fad d'amhairc uait tchífeá cuibhrinn ag ardú, sraith ar shraith, ina gcéimeanna glasuaine suas sleasa na gcnoc. Gach áit bhí eorna an gheimhridh ag geamhrú ar na staighrí gleoite curaíochta seo. Nuair a chuir mé sonrú sna crainn bhananaí a bhí ag fás go flúirseach thart ar gach teach feirme, dúirt an tiománaí liom go bhfanann an Brahman i gcónaí san áit a bhfásann an crann bananaí. Bhí sé le tuigbheáil agam ón ráiteas sin go bhfuil an chuid is méithe agus is torthúla den talamh i seilbh na mBrahman.

Jiri! Is beag tarraingt a bhí ar Jiri go dtí gur tháinig an bealach mór an treo seo. Cha raibh ann ach cúpla teach ar an iargúil, scoite amach ó shiúl an tslua i dtóin gleanna. Ach chuir an bealach mór fuadar fáis faoin bhaile. Inniu tá Jiri ag at agus ag borradh mar a bheadh cat i mála ann. Dálta na mbailte sin ar fad a thugann léim fáis an rachmais go róthobann tá cuma shéidte, mhíshlachtmhar ar Jiri. Ar feadh ceathrú míle slí tá dhá thaobh an bhealaigh leis an bhaile bhorrtha, spadchosach seo agus é ag maíomh go mórluachach as a chuid sólaistí bidh, dí agus aíochta. Tá muid ag caitheamh na hoíche sa Sherpa Lodge. Cuirfear riar mhaith orainn ansin, a gheallann Ang Wong Chuu dúinn. Tá aithne aige ar lucht an tí.

I ndiaidh mo bhéal a fhliuchadh agus mo thart a shásamh le tae, tugaim m'aghaidh amach. Tá gliogramán de sheanleoraí ag tarraingt aníos an tsráid, ag cleataráil thar chlasáin, ag cur scaipeadh soir siar ar mhadaí, ar ghabhair agus ar chearca. Téann sé tharam go tormánach ag fágáil an aeir ramhar le bréantas díosail. Chomh luath agus a tharraingíonn an leoraí i leataobh tá an tsráid beo le gleo na n-óg: páistí beaga, clab go dtí na cluasa orthu, ag déanamh cuideachta agus calláin i gceartlár an róid, ag gearradh léime, ag féacháil rásaí, ag imirt cnaipí. Ar ghruaimhín an bhealaigh tá giollaí iompair gnoitheach ag pacáil earraí isteach i mbascáidí bambú lena dtabhairt suas an sliabh. Ós rud é gurb é seo ceann cúrsa an bhealaigh tá rath ar an trádáil ann. Bíonn leoraithe troma ag tarraingt isteach i dtólamh, lódáilte le hearraí ó Kathmandu. Seo láthair mhargaidh na tíre máguaird. Tig lucht an tsléibhe anseo le cuid an riachtanais a cheannach sna siopaí, bia agus balcaisí, trealamh tí agus tíre. Seo stór an tsoláthair.

Bhí mé ag siúl idir dhá cheann an bhaile, gan cathadh orm sa tsaol, nuair a thug mé faoi deara madadh dubh giobach ag gnúsacht liom ó bhéal dorais. Is cosúil gur thóg sé ceann corr domh cé nach raibh mé ag déanamh dánaíocht ar bith air. Bhí sé ag nochtadh a chár go drochmhúinte agus ag baint faid as féin amhail is dá mbeadh sé ag brath léim ruthaig a thabhairt fúm. Bhí a chuid fionnaidh ag sní ina dhrithlíní cuthaigh. Mhothaigh mé an t-allas fuar ag briseadh amach ar chlár m'éadain. Sheas mé ansin i mo stacán, gan soir ionam ná siar. Bhí na scéalta uafáis a chuala mé faoi mhadaí fiáine na tíre seo ag teacht trí mo cheann. An rud ba mhó a bhí ag déanamh buartha domh ná nach raibh díonadh ar bith faighte agam in aghaidh *rabies*. Orm féin an locht. Rinne mé neamhiontas den chontúirt. Chuaigh mé sa tseans i bhfách le snáthaid a sheachaint. Lig mé orm féin go mbeinn ar mo choimhéad, go gcoinneoinn amach ó mhadaí agus ó mhoncaithe. Tá claonadh ionam, is dócha, mo dhóchas a chur sa dea-chinniúint, sa dea-mhéin agus san ádh. Dhíolfainn go daor as an neamart sin.

Bhí an madadh ag déanamh go díreach orm, cúr sobail ag sileadh óna bhéal, an fionnadh ina sheasamh air go colgach. Bhí mé ar tí béic chaointe a ligean asam nuair a chonaic mé Pemba ag deifriú chugam, buailtín de bhata á bheartú aige go dásachtach, gach glam fhiáin as íochtar a bhráid. Shamhlófá gur gaiscíoch de chuid Kung Fu é, laoch scannáin, a bhrollach oscailte, a cheann caite siar le huabhar, a chuid fuinnimh i bhfearas troda. Thug sé trí truslóga i dtreo an mhadaidh, léim a airde féin as a sheasamh agus tháinig anuas i mullach na cloigne ar an ainmhí le salamandar de bhuille a d'fhág spréite ar an talamh é, snáithín fola ag sileadh óna phus. Mar gharda cosanta bíonn Pemba i gcónaí sna sála agam, ag coinneáil súil ghéar orm. Is é mo leas é. Ach ab é go raibh sé ansin le tarrtháil a thabhairt orm bheadh an bithiúnach sin de mhadadh i bhfeoil ionam go beo. Bheadh deireadh le mo chuid siúil. Dá gcuirfeadh sé a chár ionam bheadh orm filleadh láithreach ar Kathmandu le cóir leighis a fháil. Ní thig leat a bheith faichilleach go leor agus tú i ngar do mhadaí sa tír seo. Tá Pemba ansin agus dhá chloigeann air le bród gur chosain sé mé.

'*You stay dead!*' a deir sé arís agus arís eile leis an mhadadh atá sínte os ár gcomhair, an inchinn steallta as. Níl an marú sa dúchas ag Pemba. Seachnaíonn na Búdaithe díoltas a imirt ar aon ní beo ach ní raibh a athrach de dhóigh aige ach an madadh a chnagadh. Bhí mé buartha nuair a chonaic mé an bhrúid bhocht caite ina cnap gan mhothú ar an talamh ach bhí an chontúirt ann go mbeadh *rabies* á n-iompar ag madadh cuthaigh mar seo agus is sábháilte muid ar fad anois ó tá a sheal den tsaol tógtha aige. Agus, a Pemba, a bhráthair mo chléibh, is beannaithe tú idir chairde, is beannaithe toradh do bhuille béime . . .

Tá áisíneachtaí iasachta ag gníomhú achan áit i Neipeal, ag maoiniú agus ag riaradh clár forbartha pobail. Chan eisceacht ar bith Jiri san infheistíocht iasachta seo. Bhí Rialtas na hEilbhéise iontach dúthrachtach sa dúiche. Tá fiontair agus feachtais, cláir oibre agus cláir oiliúna á dtionscnamh agus á dtriall acu anseo le fada. Tá na tograí seo suite ar léana gréine taobh theas den bhaile, áit a bhfuil an talamh ag titim le fána síos go híochtar an ghleanna.

Bhunaigh siad ceardscoil anseo, thóg siad ospidéal, d'fhorbair siad feirm, modhfheirm a bheadh mar eiseamláir thalmhaíochta d'fheirmeoirí na háite. Tá Rialtas Neipeal freagrach as riarthóireacht na dtograí seo anois, a deir Ang Wong Chuu liom, agus chan go rómhaith atá ag éirí leo a gcuid cúraimí a chomhlíonadh. Tá na fir chinn, a deir sé, ag baint earraíochta as na fiontair seo ar mhaithe leo féin.

❧

Bhí glas-siocán ann ar maidin agus muid ag gabháil suas cosán na gcnoc. Chuaigh muid trí choill dhorcha chaslúbach a choinnigh cúl ar an tsolas ach amháin ar an uair annamh ar bhrúigh gealán gréine ina lansa slinnliath solais trí bhearna sna crainn. Sa chiúnas chraobhach seo chluinfeá leoraí ag athrú giar i bhfad uait os cionn Jiri. Mar a bheadh tairne ann, shamhlófá go raibh an gíoscán géar seo ag gabháil go beo i bhfeoil bhog na maidine, ag goineadh an chiúnais.

Is é Ang Wong Chuu an fear cinn riain agus tig sé dian orm cos a choinneáil leis. Tá sé chomh héadrom ar a chosa le gabhar de chuid na mbeann. Chan ag siúl a bhíonn sé ach ag sní. Tá mé ag titim chun boilg, barraíocht de bhia méith Kathmandu, ach ní fada go mbainfidh cosáin ghéarchrochta seo na gcnoc an gheir díom. Ach níl gar do dhuine é féin a mhaslú barraíocht agus siúlaim liom ar mo shocairshuaimhneas.

'Bestaraí, bestaraí!' a deirim le Ang Wong Chuu. Go mall, go mall! Tá Pemba ar mo chúl, ag leanstan lorg mo choise, gach scairt cheoil aige i dteanga na Thamang. A aghaidh álainn glanruithneach ag gealadh chugam i gcónaí nuair a thugaim súil ina threo.

Nuair a tháinig muid amach as dúlaíocht na gcrann bhain tréine na gréine an t-amharc as an tsúil agam. Ach cha raibh mé i bhfad ag gabháil i dtaithí an teasa. In am gearr bhí mo chraiceann ag sú an tsolais mar a shúnn caorán tur tirim an tsamhraidh steall thréan fearthainne.

Casadh páistí orainn ina mbuíonta meidhreacha ag deifriú chun na scoile. Iadsan a bhí gan mála scoile bhí a gcuid leabhar ina mburlóga beaga ordúla á n-iompar acu faoina n-ascaill. Bhí go leor acu gan bróga, a gcosa chomh crua cranraithe le rútaí crann. Casadh buachaill orainn a raibh an fhuil ag doirteadh as gearradh domhain ina ghlúin. Cha raibh féintrua ar bith le feiceáil ina aghaidh chaoin agus é ag iarraidh orm go béasach an chréacht a chóiriú. Baineadh tuisle as ar ghairbhéal géar an chosáin agus é ag rásaíocht anuas fána an chnoic. Rinne mé mo dhícheall an gortú a ghlanadh le Dettol, plástar a chur air agus ansin é a theannadh le stiall línéadaigh. Thairg mé lán cráige de mhilseáin dó ansin agus briseadh beag airgid. Shiúil sé ar lorg a chúil ar shiúl uainn agus é ag beannú an róid a bhí romhainn.

'*You Namche go safe, sir! You Namche go safe, sir!*' a bhí á rá aige go dúthrachtach go dtí go ndeachaigh sé as amharc i measc na gcrann.

Bhraitheas i ndáiríre go raibh sé do mo bheannú, do mo chur ó chontúirt lena mhantra mórchroíoch. Thug a bheannacht uchtach domh go mbainfinn ceann scríbe amach slán sábháilte.

Char casadh turasóir ar bith orainn i gcaitheamh na maidine ach amháin putrachán beag plucach d'fhear a bhí i ndeireadh na péice. Cha raibh tógáil an tsléibhe ann agus b'éigean dó filleadh ar Jiri. Gearmánach a bhí ann, oibrí oifige nár chuir cor crua dá chnámha ariamh. Bhí muineál air a raibh rollóga muiceola uirthi. B'iontach liom go ndearna sé siúl ar bith ag an airde seo agus an meáchan feola a bhí ann. Faoin am ar casadh orainne é ar dhroim sléibhe os cionn Chitre ba chuma leis a bheo nó a mharbh. Bhí beirt ghiollaí i ngreim ann agus iad ag tabhairt taca sa tsiúl dó cé gur mó de streachailt ná de shiúl an strácáil a bhí acu leis. Tháinig galar cloíte na gcnoc air, tinneas an tsléibhe, agus gan iad ach dhá uair an chloig siúil ó Jiri. Buaileadh breoite é go tobann, a dúirt na giollaí, giorra anála, mearbhlán, urlacan fola. Níl de leigheas ar thinneas seo na hairde ach filleadh ar na hísleáin. Bhí na giollaí ag rá le Ang Wong Chuu agus le Pemba go raibh sé tíoránta go maith ina dhóigh agus ina dhearcadh. D'fhostaigh sé iadsan in Jiri ar thuarastal níos lú ná mar a bhí sa chleachtadh choitianta. Ach ós rud é go mbíonn sé doiligh teacht ar obair i dtrátha seo na bliana ba bhuíoch bocht leo saothrú beag ar bith. Bhí cuma air gur duine nimhneach é an lá ab fhearr a bhí sé. Amhail dhá fhiréad fhíochmhara bhí a shúile beaga borrtha ar tí léim as a gcuasa agus fogha a thabhairt fúinn.

'Is é an corp teampall an Tiarna,' a dúirt an Meiriceánach óg liom go díograiseach agus muid ag déanamh ár scíthe i dteach tae in Mali.

'Agus dioscó an Diabhail,' arsa mise leis ar an dara focal. Ar son diabhlaíochta, níos mó ná a dhath, a dúirt mé é seo leis ach chan róshásta a bhí sé leis an dearcadh aindiaga seo.

Bhí sé ar a bhealach ar ais ó bhunchampa Everest. Rinne sé an t-aistear ina aonar, a dúirt sé, ach bhí Dia ina dháil i dtólamh. Sherpa an Spioraid, laghdaigh Sé gach lód dó agus shoiléirigh Sé gach slí. Níl aon ghiolla iompair inchurtha Leis, a dúirt sé liom, agus é ag baint lán na súl as Pemba agus Ang Wong Chuu a bhí ag baint spraoi as cailín dea-chumtha an tí.

I dtaca liom féin de, a dúirt mé leis, b'fhearr liom i bhfad an giolla sofheicthe. Thiocfadh liom brath air in éadan na malacha. Tá sé níos fusa, arsa mise, mála a chur ar an droim a fheictear ná ar an droim nach bhfeictear. Mhothaigh mé mé féin ag diúltú dó. Chonacthas domh go raibh sé ródhaingean ina bharúil agus ach oiread leis an starrán carraige os ár gcomhair amach, cha raibh cor grinn ar bith ina dhearcadh.

Ba de thógáil na gCincíseach é. Is dá dtréithe é an Bíobla a bheith acu ar bharr a ngoib. Ar an drochuair domhsa, b'amhlaidh don bhoc seo é. Bhí bealadh an Bhíobla ag sileadh lena theanga. Tháinig an Tiomna Nua ina dheilín leis, faobhar na cráifeachta ag cur treise le gach racht. Bhí gach focal á bheartú aige mar bhéal scine. Thuar sé droch-chríoch ar lucht na haindiagachta, ar dhíchreidmhigh. Dhíolfadh muid go daor as ár mbáire baoise. Bhí deireadh an tsaoil sa tsúil againn agus gan aiféaltas ar bith orainn faoi aibhseacht ár bpeacaí. Stán sé go dian orm nuair a bhris an gáire orm. Dúirt mé leis go mbíonn a mhacsamhail féin de dhíograiseoir dall ar Dhia chomh minic lena athrach, an

Dia, cibé ar bith é, a bhíonn ag damhsa i niamh gach datha agus ag snagcheol i mbéal na gaoithe, an Dia a bhíonn ag aclaíocht i ngéaga leannán agus ag ábhaillí i ngáire linbh. Bhí Dia leis-sean i gcónaí, arsa seisean go húdarásach agus é ag siortú ina mhála droma gur aimsigh sé leabhar beag buí, bunchaite. Bíobla. Labhraíonn Dia leis achan lá as leathanaigh an leabhair sin, ag tabhairt tacaíochta dó agus treoir. Dá bhíthin sin, ní raibh feacadh ná fiaradh le baint as a sheasamh, as a dhearcadh. Bhí mo dhóthain agam den díograis dhiaga dhíchéillí seo.

Faoin am seo bhí an ghrian ag déanamh damhsa boilg i gcuas gorm na spéire. Bhí na sléibhte ag broidearnaigh aici, iad ina gcolgsheasamh, an t-allas ina rith leo ina shneachta. Bhí searmanas báis á dhéanamh ag an ghiolla gruama seo as míorúilt na beatha. Agus mé ag fágáil slán aige go fuarbhruite i dteas na mochmhaidine, bhí sé ag baint de a chóta clúimh. Chuir mé sonrú sa T-léine phinc a bhí dlúite lena chorp lúbach, lomchnámhach. Greanta ar an bhrollach idir Mickey Mouse agus Donald Duck bhí an mana 'Make me Happy!' Tuar an t-ádh agus tiocfaidh sé!

❦

Ó d'fhág muid Mali bhí síos an sliabh linn go Shivalaya, *bazaar* beag bláfar in abhantrach an Khimti Khola. Shocraigh muid go mbeadh lón againn i gclós gréine an New Sherpa Lodge. Bhí bean bhánrua, í anonn i mblianta, ina suí ansin romhainn, seál de bhréidín breac caite siar thar a guaillí agus é ceangailte le bróiste airgid ar a bráid.

Nuair a chuir mé sonrú sa tseál dúirt sí liom gur i gCill Charthaigh i ndeisceart Dhún na nGall a cheannaigh sí an bréidín trí bliana roimhe sin. Bhí caitheamh maith san éadach, a dúirt sí, téagar agus teas ann i bhfuacht na hoíche. Lena chois sin bhí sé iontach áisiúil mar scáth folaigh nuair a bhíodh uirthi gabháil ar chúl sceiche lena mún a dhéanamh. B'as Brisbane na hAstráile í, de shliocht Conallach ach i bhfad siar. Faoin am seo bhí muid beirt ag baint sásaimh as an tsú tiubh glasraí a thug Ang Wong Chuu chugainn as an chisteanach, sú a raibh idir ithe agus ól ann.

Thug sí an bhricíneach, an ghruaig rua agus an fios fáistine léi óna seansinsir Chonallacha, arsa sise, agus í ag baint lán na súl as a scáil a bhí ag snámh i mbabhla an tsú.

'Fios fáistine?' arsa mise.

'Tchím taibhsí,' arsa sise.

Bhuel, arsa mise liom féin, níl a fhios ag duine ar bith againn cá háit a bhfuil na 'genes' ag teannadh ar an duine eile.

An oíche roimhe sin agus í ag stopadh i lóistín in Deurali chonaic sí taibhse sa tseomra. Mhúscail sí agus allas fuar léi. Ansin chonaic sí allait sa dorchadas, cruthaíocht ghealbhuí, suite ar a marana, leath bealaigh idir an t-urlár agus an tsíleáil. Ar dtús shíl sí gur gealán gealaí a bhí ag tabhairt an tsolais aduain seo don tseomra. Ach de réir mar a chuaigh sí i dtaithí ar an dorchadas tuigeadh di gur samhail dá hathair féin a bhí ina shuí ar aer marbh an tseomra. Ní raibh sí ach cúig bliana d'aois nuair a d'imigh sé de dhroim an tsaoil. Shiúil sé amach as an teach agus isteach i rún nár tugadh ariamh chun solais. Ba chuimhneach léi é ag fágáil an tí an mhaidin samhraidh úd ar a bhealach chun na hoifige. Bhí mála cáipéisí faoina ascaill agus an ghrian i bhfostú i bhfolt fionnbhuí a chinn nuair a chrom sé síos lena phógadh ag geata an ghairdín. B'in an uair dheireanach ar leag sí súil air. Amhail is dá slogfadh an talamh é d'imigh sé as amharc. Chuaigh sé ar ceal. Ní bhfuarthas a thásc ná a thuairisc ariamh.

Deireadh a máthair léi i gcónaí go raibh luí aige leis an ealaín dhubh, de bhrí go gcaitheadh sé sealanna fada ar a mharana ag canadh mantraí agus ag dó túise. Chreid sise go raibh sé ábalta malairt cló a tharraingt air féin de réir mar a d'fhóir dó agus triall amach as a cholainn dhaonna i gcruthaíocht éin. Bhí a máthair deimhin de go raibh sé i mbeartas páirte le hainspioraid.

Ach aréir thaibhsigh sé chuicise ina seomra agus ó dhath cróchbhuí agus marún a chuid éadaigh bhí an chosúlacht air gur manach Búdaíoch a bhí ann nó neach den tsamhail sin.

'Tá a fhios agam i mo chroí istigh gur thug sé cúl ar an tsaol mar gur *tulku* a bhí ann a saolaíodh go timpisteach taobh amuigh dá thimpeallacht Thibéadach,' a dúirt sí liom agus í ag baint an chraicinn de na prátaí plúracha a leag Pemba os ár gcomhair.

'Ar labhair sé leat?' Bhí gal teasa ag éirí go taibhsiúil as mias na bprátaí amhail is dá mbeadh neach neamhshaolta ag teacht inár láthair.

'Ar feadh m'eolais níor labhair sé focal ach ar dhóigh dhiamhair éigin mhúscail sé smaoineamh i m'aigne. Lig sé dá theachtaireacht aibiú istigh ionam. Ansin bhláthaigh na focail ar mo theanga.'

Lig an mhiúil dhiabhalta a rabhthas á lódáil sa chlós bleaist de bhroim a d'fhág boladh bréan ruibhe ar an aer.

'Focail?' arsa mise agus mé ag déanamh mo sheacht ndícheall an tocsain tóna seo a shiabadh chun siúil le mo chaipín píceach.

'Seo na focail a tháinig liom i ngan fhios domh féin,' a dúirt sí. D'amharc sí ina timpeall go hamhrasach agus nuair a shásaigh sí í féin nach raibh aon duine ag cúléisteacht linn chlaon sí a ceann i mo threo agus arsa sise i gcogar rúin: 'Cha dtig cóta aoil a chur ar theach atá trí thine.'

Is beag nár imigh an gáire orm. Chrom mé mo cheann ar cholbha an tábla le guaim a choinneáil orm féin. Níor mhaith liom a bheith mímhúinte agus gáire a dhéanamh suas lena béal. Bhí mé ag smaoineamh go mbíonn an taibhse sa tsamhlaíocht i bhfad níos spéisiúla ná an taibhse sa tseomra. Shíl sí, is dócha, gur baineadh siar asam nuair nár tháinig focal ar bith liom. Thug sin cead cainte di. 'Sílim gurb é an bhrí atá leis na briathra sin ná seo . . . Cha dtig áras an anama a ghealadh le haol na feasa má tá an cholainn trí thine le teaspach na hainmheasarthachta.' Agus í ag rá seo, bhí sí ag spíonadh féir as sparán beag leathair a bhí crochta lena hucht agus á fhilleadh go hoilte i bpáipéar tobac. 'Tá dúil chráite agam sa drabhlás,' arsa sise, i ndiaidh di an páipéar a lí lena teanga is a rolladh ina thoitín caol, dea-dhéanta. Las sí an dúidín draíochta agus bhain smailc an tsásaimh as.

'Ar nós bhean an eallaigh ansin,' arsa sise, ag díriú m'aire i dtreo mná a bhí ag tiomáint cúpla bó suas an cosán, 'cuirimse m'aigne amach ar féar fosta.' Bhain a cuid grinn féin gáire aisti.

'Agus tá d'athair ag insint duit anois,' arsa mise léi, cead gáire agam de réir cosúlachta, 'go n-íocfaidh tú an féarach lá éigin.'

'Amárach tiocfaidh athrú suntasach ar mo shaol,' arsa sise go brionglóideach, ag baint tarraingt fhada as féar na físe.

Bhí a gcuid ite ag Ang Wong Chuu agus Pemba faoin tráth seo agus fonn orthu tabhairt faoin siúl arís. Bhí ceithre huaire an chloig de shiúlóid romhainn. Bheadh titim na hoíche sa mhullach orainn sula mbainfimis Deurali amach. D'fhág muid slán ag bean Brisbane agus rollóga diamhra deataigh á timpeallú go taibhsiúil.

❦

Ó d'fhág muid Shivalaya bhí muid ag tógáil na malacha. Tá an t-aistear treiceála maslach go maith, an t-ardú agus an t-ísliú, lá i ndiaidh lae, síos suas, suas síos, ó dhroim sléibhe go híochtar gleanna go mám gaoithe. Fágann sé nimhneadas agus at i bhféitheoga chúl na gcos. Tá steafóg de bhata liom agus is teann an taca é ar chéimeanna sciorracha na gcosán seo.

'Mero sati loti' atá tugtha agam ar an bhata agus tá an t-ainm seo tógtha i mbéal ag Ang Wong Chuu agus Pemba. Mo chara an bata. Tá sé ina amhrán acu anois. I ngan fhios dóibh féin bhí siadsan ag géarú na siúlóide ach bhain mise fadaíocht as gach coiscéim agus faoin am ar shroich muid Deurali i mbarr an bhearnais bhí an lá ag dul chun deireanais agus an t-aer ag fuarú. Roghnaigh muid lóistín a raibh toit ag éirí as ina rollóga ramhra deataigh. Bhí an teocht ag titim agus chonacthas dúinn teach na tine a bheith tarraingteach.

Is iomaí focal cointinneach atá cloiste agam faoi cheist seo na dtinte. Ó tháinig borradh faoin turasóireacht anseo i dtús na seascaidí rinneadh creach ar na coillte le freastal ar ár mbeadaíocht iartharach. Bíonn cuid mhór ábhar tine ag teastáil le riar a gcáis a choinneáil le cuairteoirí – lena gcuid bidh a ullmhú, le folcadh te a sholáthar dóibh, le teas tine a choinneáil leo san oíche. San áit a raibh coillte dlútha leathchéad bliain ó shin, inniu tá learga na gcnoc lom. Díobháil na gcoillte níl cosaint ar bith ag ithir na gcnoc ar chreimeadh. I mbáisteach an mhonsúin nítear an chré mhéith seo anuas agus isteach i dtuilte bruachlána na n-aibhneacha. Is mór an chaill é seo i dtír a bhfuil bunús na ndaoine ag brath ar an talamh lena mbeatha a shaothrú. Anois agus méadaíocht as cuimse ag teacht ar an daonra tá éileamh níos mó ná ariamh ar thalamh curaíochta.

Níl a dhath in Deurali ach lóistíní, dhá thaobh an bhealaigh leo, a mbunús nuathógtha. Suíomh aíochta atá ann a bhfuil tosaíocht tugtha dó as siocair é bheith suite lá cothrom siúil ó Jiri. Níl an lóistín a bhfuil muid ag fanacht ann ach díreach i ndiaidh oscailt. Faighim cumhracht giúise nuaghearrtha ó bhallaí painéalta mo sheomra leapa, boladh tíriúil atá do mo chealgadh chun suain cheana féin. Bean óg atá i mbun an tí. Tá fear s'aici as baile ar ghnó éigin in Kathmandu. Níl siad i bhfad pósta agus níl cúram clainne orthu go fóill. Nuair a d'oscail sí an doras le muid a ligean isteach bhí cat mór bánrua ribeach á iompar aici ina baclainn. Thaitin a súile dúdhonna doimhne liom agus iad ag damhsa ina ceann le suairceas. Tá an chuma uirthi go bhfuil sí lán de chroí. Tá cúram a cuid oibre le feiceáil ar fud an tí. Tá an áit ar fad glansciúrtha, ordúil.

Bhí sí i ndiaidh tine adhmaid a dheargadh i sornóg an tseomra suí agus faoin am a raibh bail bheag curtha agam orm féin bhí na bladhairí ag cnagarnaigh agus ag bloscarnaigh go croíúil. Chan ionann an saghas sornóige atá acu sa tír seo agus an cineál a bhfuil cleachtadh coitianta againne orthu – na Stanleys a bhfuil seirbhís den chéad scoth tugtha acu i dtithe tuaithe na hÉireann le fada. Níl sa tsornóg seo ach bairille beag, níos mó d'acra baile ina dhéanamh, déarfainn, ná d'earra siopa. Tá oscailt gearrtha as an taobh leis an tine a ghiollacht agus píopa deataigh sáite as a bharr leis an toit a thabhairt amach. Simplí agus éifeachtach. Bhí anáil mhaith ag simléar na sornóige agus faoin tráth seo bhí an seomra te teolaí leis an ghal teasa a bhí ag éirí as giúis na tine. Ós rud é nach raibh turasóir ar bith eile sa teach bhí an tine agam domh féin. Ba mhór an sómas a thug mé domh féin i mo shuí ansin sa tseascaireacht, ag ól tae agus ag amharc amach ar bhreacsholas ómra an tráthnóna ag tiontú ina dhorchadas.

Cha raibh agam don dinnéar ach babhla de shú *noodles* agus pláta de phrátaí bruite. Tugann siúl an tsléibhe a ngoile do go leor daoine ach i dtaca liom féin de chan duine mórshách mé ar an tsliabh. Is leor stolp beag de bhia de chineál ar bith agus súimín dí anois agus arís le mé a shásamh. Lena chois sin tá mé coimeádach faoi cad é a ithim. Seachnaím sailéid, cuir i gcás, ar fhaitíos go mbeadh na glasraí nite in uisce truaillithe. Ní ólaim ach uisce atá bruite. Is breast liom uisce buidéil mar go bhfuil an t-ábhar plaisteach seo á charnadh ar fud na gcnoc. Cuireann an bruscar míofar seo míchuma ar an áit. Ina theannta sin nuair a dhóitear é ina dheatach dlúth, dubh, truaillíonn sé an t-aer. De bharr go mbíonn mé faichilleach i gcúrsaí bidh cha dtáinig tinneas na putóige orm go fóill sa tír seo. Tchím treiceálaithe mí-ádhúla agus rith an donais ar dhá cheann a ngoile. 'Smaoinigh ar do sceadamán sula slogfaidh tú cnámh,' a deireadh m'athair i gcónaí nuair a bhíodh scadán againn don dinnéar. Cha ndeachaigh mé ariamh thar an chomhairle sin agus sheas sé domh i gcúrsaí sláinte agus mé ar mo chamchuairteanna ar fud an domhain. Anseo tá go leor de bhunadh na gcnoc a bhfuil an goile ag cur orthu go holc. Tá siad cráite ag breoiteacht na bputóg. Shílfeá go bhfuil a gcuid inní ag déanamh othrais leis an bholadh bhréan a bhíonn as a gcuid caca. Díobháil oideachais agus díobháil dearcaidh i gcúrsaí sláinteachais is cúis leis an bhreoiteacht bhoilg seo. Tá siad fadfhulangach ina ndóigh agus is minic a chuireann siad suas leis an bhreoiteacht seo ar feadh i bhfad gan cóir leighis a lorg. Anois tá cláir oideachais á bhforbairt, thall agus abhus sna bailte beaga amuigh faoi na cnoic le haird an phobail a dhíriú ar thábhacht an tsláinteachais. Le tuigbheáil tiocfaidh biseach, tá súil agam.

I ndiaidh domh an dinnéar a chríochnú agus mé ar tí babhta léitheoireachta a dhéanamh, tháinig fear beag, beathaithe isteach chugam, gnúis dhaingean air, a thóin le talamh. Sheas sé, a dheireadh leis an tine, gur thug sé róstadh maith dá mhásaí. Ansin tharraing sé cathaoir chuige féin agus theann isteach leis an tine, a lámha crágacha spréite os a choinne, ag ceapadh teasa. Bhí sé do mo ghrinniú an t-am ar fad lena shúile beaga rógánta. Níl mórán le himeacht ar an diúlach seo, arsa mise liom féin. Ansin thosaigh an cheastóireacht, tiubh agus crua. Cén tír as a dtáinig mé? Cad é mar a shaothraigh mé mo chuid? An raibh bean agam? An raibh cúram teaghlaigh orm? An raibh Éire rachmasach? An raibh sé éasca cead isteach a fháil chun na tíre? An raibh cairde agam i Neipeal? An Críostaí a bhí ionam? An raibh gnó de mo chuid féin agam sa bhaile? An raibh mé ag tabhairt urraíochta d'aon duine i Neipeal? Cad é an méid airgid a chaithfinn sa tír seo? An de bhunadh saibhir mé i mo thír féin? Ós rud é nach raibh mórán muiníne agam as cha dtug mé dó ach breaceolas agus bréaga, agus tuairimí leathcheannacha.

Bhí gaol gairid aige le bean an tí agus sin an fáth a raibh sé ag fanacht ansin. Bhí sé ar a bhealach ar ais go Kathmandu, áit a raibh lámh aige i ngníomhaíochtaí éagsúla, a dúirt sé: cairpéid, seálta *pashmina*, earraí páipéir. Bhí an tuile shí as a bhéal agus é ag maíomh as a ghaisce gnó. Ar ndóigh, bhí daoine ceannasacha ar a chúl ach sin ráite ní raibh cosc dár cuireadh ina shlí ariamh nár sháraigh sé. Duine acu seo a bhí ann, a dúirt sé, a bhí ábalta rud ar bith a chur chun somhaoine dó féin. Dá thairbhe sin agus an dóchas dochloíte a bhí ann ó dhúchas rith an saol leis. Bhí an dá iarann déag sa tine aige i dtólamh, arsa seisean, mórchúis ina ghlór, ach bíodh thíos thuas, ar uair na cruóige, rinne seisean cinnte de go ndéantaí cibé obair a bhí le déanamh ar an sprioc. Fear faobhair a bhí ann ina óige, arsa seisean, ag ligean gothaí troda air féin go bródúil. Bhí an fuinneamh sin chomh géar agus a bhí ariamh, a dúirt sé, ach anois, bhí sé i bhfearas aige i gcúrsaí gnó. Bhí an-chuid earraíochta ar siúl aige sna ceantair seo fosta, a dúirt sé. Bhí fir phaca aige a théann thart ag díol éadaigh i mbailte scoite an tsléibhe, bhí mná ag cniotáil dó cois teallaigh, bhí dream eile ann a dhéanann páipéar dó. Bhí cuma an ghustail, ceart go leor, ar an chóta throm clúimh agus ar na bróga sléibhe de scoth an leathair a bhí á gcaitheamh aige. Ligfinn orm féin go raibh mé bog go bhfeicfinn cad é mar a bhí sé ag brath buntáiste a ghlacadh orm. Thairg mé buidéal leanna a cheannach dó agus ba eisean féin nár dhiúltaigh an deoch. Cha raibh an buidéal ina lámh aige i gceart gur ól sé a raibh ann d'aon slog ciocrach amháin. D'ofráil mé an dara buidéal dó agus ach oiread leis an chéad cheann char chuir sé suas dó.

'Nach ádhúil gur casadh ar a chéile sinn,' a dúirt sé agus é ag cothú na tine le tuilleadh adhmaid chonnaidh. 'Seo lá ár leasa,' arsa seisean agus é do mo ghrinniú lena shúile beaga santacha. Bhí a fhios aige chomh luath agus a leag sé súil orm, a dúirt sé, gurb é ár gcinniúint é a bheith i mbeartas páirte lena chéile. Ba mhór ab fhiú domh suim airgid a infheistiú láithreach sa chomhlacht déanta páipéir a raibh dlúthbhaint aige leis. Bheadh toradh fiúntach ar an infheistíocht seo gan aon dabht sa chruth go mbeadh ciste airgid fá mo choinne i gcónaí nuair a d'fhillfinn ar Neipeal. De réir mar a bhí sé ag téamh leis an racht ceana seo, mar dhea, bhí sé ag tarraingt níos clósáilte domh ionas go raibh greim láimhe aige orm faoin tráth seo. Níor ghá, ar ndóigh, an socrú beag seo a bhí eadrainn a chur faoi bhráid an dlí. B'amaideach baoth dúinn airgead a chur amú ar shéala an dlíodóra. Conradh an chroí a bheadh ann, arsa seisean go dúthrachtach, ag teannadh a ghreama ar mo lámh. Gníomh muiníne. Ba leor sin agus an trust a bhí eadrainn. Bhí sé ag féachaint orm go géar go bhfeicfeadh sé an raibh an chaint leataobhach seo ag dul i bhfeidhm orm. Shíl sé go raibh mé somheallta agus go dtiocfadh leis suí i mo bhun agus ceann siar a chur orm. Bhí taithí aige, déarfainn, an ceann is fearr a fháil ar dhaoine. 'Dá gcreidfeá ann,' mar a deireadh na seanmhná sa bhaile fadó, 'chuirfeadh sé cosa crainn faoi do chuid cearc.' Ní raibh smaoineamh dá laghad agam dul i bpáirtíocht leis an tslíodóir seo. Ní rachainn fad mo choise leis. Is mairg a thaobhódh lena chomhairle. Ach lena choinneáil ar bís char lig mé a dhath orm féin. Shuigh mé ansin go stuama, smaointeach, amhail is dá mbeadh gach focal dá chuid ag gabháil i gcion orm.

I rith an ama seo bhí Ang Wong Chuu agus Pemba ar a gcomhairle féin sa chisteanach, gach scairt cheoil acu féin agus ag bean an tí. Nuair a d'ordaigh mé an tríú buidéal leanna don tslogaire seo – bhí a chuid airgid féin, a dúirt sé, chóir a bheith reaite i ndiaidh dó díolaíocht a thabhairt dá chuid oibrithe anseo sna cnoic, ach in Kathmandu dhéanfadh sé an comhar a íoc liom faoi thrí. Thug Ang Wong Chuu i leataobh mé agus cuma an-tógtha air. Is cosúil gur chuir bean an tí leid ina chluas go raibh an fear istigh do mo dhéanamh go dtí an dá shúil. D'iarr sé orm gan baint ná páirt a bheith agam leis agus ar a bhfaca mé ariamh gan mo shúil a thógáil de mo sparán. Dúirt mé leis nach raibh baol ar bith go nglacfadh an breallán seo lámh orm. Sa chluiche seo, gheall mé dó, bheadh an cúig deireanach agamsa. Bhí sé i bhfách go mór le dul isteach liom chun an tseomra le mé a chosaint ar chrúba an fhir istigh ach d'éirigh liom é a chur ar a shuaimhneas agus a sheoladh ar ais chun na cisteanadh. Bhí mise ag gabháil a imirt mo chuid cnaipí ar mo chonlán féin.

Ba léir go raibh lúcháir ar an fhear eile mé a fheiceáil ag teacht ar ais. Shocraigh sé mo chathaoir san áit ba theolaí an teas. Shoiprigh sé na cúisíní go cúramach.

'Cá mhéad airgid a bheadh i gceist?' arsa mise go bladarach nuair a bhí mo ghoradh déanta agam.

Tháinig loinnir aoibhnis ina ghnúis. Shíl sé go raibh leis. 'Braitheann sin ort féin ach thabharfadh míle dollar seasamh maith duit sa ghnó. I do leith féin atá tú á dhéanamh.' Bhí sé spreagtha. Chrom sé síos le séideog a chur sa tine. Chuir sé luaith ar fud na háite le méid a dhíograise. Bhí mé ag baint sásaimh as an chluichíocht chlúide seo.

'An leor banna béil,' arsa mise go ceisteach, amhras i mo ghlór, 'mar urrús in aghaidh caillteanais?'

Bhí eagla air go raibh mé ag éirí doicheallach, ag tarraingt siar. Phreab sé aniar as an chathaoir agus chaith sé a dhá lámh thart orm go cosantach. 'Ná bíodh imní ar bith ort taobhú liom,' arsa seisean go muiníneach. 'Nach bhfuil mé chomh saor ó smál le gloine na fuinneoige sin?'

Frámaithe san fhuinneog, bhí ceathrú gealaí ag glinniúint i bhfuacht na spéire, í chomh faobhrach le béal corráin.

'Féach isteach i mo shúile i leith is gur fuinneoga iad,' arsa seisean, 'agus tchífidh tú gur duine nádúrtha mé ó dhúchas. Bí cinnte nach ndéanfainn a dhath ach an t-ionracas le duine.' Bhí sramaí lena shúile ar an mhéad is a bhí siad ar leathadh aige os mo chomhair in iúl is go n-amharcfainn síos isteach i nduibheagán a dhúchais is go gcreidfinn go raibh sé gan choir, gan chlaonadh.

D'amharc mé idir an dá shúil air agus mé ag rá liom féin, 'Ní rachaidh leat, a dhiúlaigh.' Leis an tsaothar anála a bhí air bhí na ribí fionnaidh ina ghaosán ar tinneall. Faoin am seo bhí sé siúráilte go raibh mé faoina anáil aige. 'Tabharfaidh mé suim airgid duit anois,' arsa mise go saonta, amhail is dá mbeadh muinín iomlán agam as. 'Agus an chuid eile in Kathmandu má bhíonn obair na comhlachta sásúil.'

Shamhlófá nár tháinig lá dá léas ach é. Bhí sé sna flaithis bheaga le lúcháir. Bhí sé do mo bheannú ionas go mba sheacht bhfearr a bheinn an bhliain seo chugainn. Bhí a fhios agamsa go raibh slám de lire beagluachacha na hIodáile sáite i leataobh agam le fada i dtóin mo mhála droma. D'aimsigh mé iad láithreach agus chuntas mé amach lab nótaí díobh go mórluachach go raibh lán a chráige aige. Shíl sé go raibh a shaint de mhaoin aige ina lámh nuair a chonaic sé na nótaí míle ag carnadh ina bhois. Ádhúil go leor, cha raibh a fhios aige, ach oiread lena thóin, cé chomh beagthairbheach agus a bhí a stór lire.

Chomh luath agus a bhí an t-airgead istigh i gcúl a dhoirn aige, thosaigh sé ag méanfach agus ag ligean air féin go raibh néal codlata ag teacht air. Thabharfadh sé a sheoladh in Kathmandu agus sonraí iomlána an chomhlachta domh ar maidin ach anois bhí an codladh ag fáil bua air agus chaithfeadh sé an leabaidh a bhaint amach láithreach. I ndiaidh dó mé a mholadh is a mhóradh thug sé na sála leis chun na leapa. Ba seo oíche a bhí chun a shástachta. Chodlódh sé go sámh. Ní sparán trom croí éadrom.

Bhí aoibh an gháire orm gur thit mé i mo chodladh. Is fuath liom an míchothrom a dhéanamh le duine ar bith ach d'fhóir sé i gceart don chneámhaire seo. Bhainfí croitheadh ceart as nuair a chuirfí ar a shúile dó i mbanc nó i mbiúró in Kathmandu nach raibh ina charnán lire ach sop gan luach. Beidh sé ag téamh ina chuid fola agus ag éirí de thalamh le fearg nuair a thuigfear dó gur buaileadh bob air.

Ar ndóigh, bhí sé ar shiúl nuair a d'éirigh mé ar maidin. Bhain sé na bonnaí as le bánú an lae, a dúirt bean an tí. Bhí broid air le bheith ar ais in Kathmandu. Bhí, leoga! Cé go raibh sé gaolta léi, a dúirt sí, is beag dáimh a bhí aici leis. Cha raibh ann ach slíomadóir agus b'fhearr léi gan é a bheith ag teacht faoin teach ar chor ar bith. Bhí seal i bpríosún déanta aige as a bheith ag déanamh slad ar iarsmaí beannaithe na dteampall agus á ndíol le turasóirí. Cha raibh fostaíocht ar bith aige, a dúirt sí, agus bhí an t-iomrá amuigh air gur ar bhuirgléireacht a bhí sé ag teacht i dtír. Bhí sé tugtha don ól ó bhí sé óg, a dúirt sí, agus chuir sé críoch fhliuch ar ar shaothraigh sé ariamh. Tá bean agus páistí aige ach bhí siad scartha óna chéile ón uair ar cúisíodh é as gadaíocht agus ar gearradh téarma príosúin air.

<hr />

Ó d'fhág muid Deurali bhí cuid *chorten* bána Bhandar, thíos in íochtar an ghleanna, le feiceáil ag glioscarnaigh i ngrian na maidine. Ag amharc síos orthu ón airde seo, shamhlófá gur dhá Bhúda mhóra iad ina suí, droimdhíreach ar a marana. Nuair a bhí an Búda ar leabaidh a bháis cuireadh ceist air cad é mar ab áil leis a dhéanfaí é a chomóradh san am a bhí le teacht. Gan focal a rá, phioc sé suas dhá bhabhla adhmaid, dhing isteach i dtóin a chéile iad agus d'fhág síos arís iad os comhair a dheisceabal, a mbéal fúthu. Is é an léamh a rinne siadsan ar an tsamhail seo ná gur teampall den chruthaíocht sin a theastaigh uaidh lena theachtaireacht a choinneáil beo.

Tá Ang Wong Chuu ag aithris an scéil seo domh agus muid ag déanamh timpeall na dteampall. Tá na cinn seo coinnithe go slachtmhar. I ngríos gréine na maidine tá loinnir an aoil ag baint an radhairc as mo shúile. Ina ndéanamh is ionann deilbh dóibh agus na cinn mhóra in Boudhanath agus in

Swayambhunath. An bonn cearnógach céanna, cruinneachán bolgshéidte ina shuí sa mhullach air. Os a chionn sin, túr dronuilleogach a bhfuil súile aibí Bhúda péinteáilte go glé ar gach taobh de agus ar a bharr ar fad, spuaic chaol chéimneach ag ardú chun na spéire.

Tá mé i mo shuí anseo sa ghrian, sa tsolas meala seo atá ag sní tríom agus tharam ina thonnta sochma, sámha. Tá na *chorten* ar mo chúl. Is beag nach bhfuil mé tuaslagtha sa tsolas seo. Is beag nach dtiontaíonn a bhfuil ionam ina shúlach órbhuí. An t-aon rud atá ag cur bac orm dul as ná mo dhúil shíoraí sa tsaol. Is oth liom a rá go bhfuil an taos daonna seo de chré agus d'fhuil rórighin go fóill le géilleadh do shlánú an tSolais. Tá mo spiorad ar adhastar ag an aoibhneas saolta. Ó na *chorten* tá caoinsúile Bhúda ag meabhrú domh go cneasta gurb é ár mianta is cúis lenár mbuairt, ár ndúil chráite i sólaistí an tsaoil, ár gcreideamh tréan go bhfuil buaine agus brí i mbrealléntacht ár mbeatha. Tá folús i gcroí gach ní agus gach neach, a deir Búda. Tá gach grá agus gach gníomh, gach gráin agus gach gustal folamh, folamh. Go dtí go mbíonn an duine saor ó dhúil agus ó dhóchas, ó eagla agus ón *ego* ní léir dó an folús, an lug ina lár.

Tá an solas do mo shéimhiú, do mo shuaimhniú. Mar leacht ionlaidh tá an solas lách seo ag oibriú orm, ag ní na céarach as mo chluasa, ag glanadh mo shúl. Tá mé ag dúil go mbeidh léargas na súl níos soiléire agam ina dhiaidh seo, go mbeidh éisteacht na gcluas níos géire.

Anonn uaim tá cnapán cloiche ina shuí ar a chorr, a ghob tiontaithe i mo threo. Thabharfá mionna go bhfuil sí i bpian leis an chuma tharraingthe atá ar a haghaidh ghearbach. Tá dath liathbhán uirthi agus cuisle dhearg ina cneá dhomhain ag rith fad a coirp. Tá trua agam di agus piocaim suas í go cúramach. D'ainneoin go raibh sí ina suí ar aghaidh na gréine níl teas ar bith inti. Nuair a chuirim le mo chluas í, cluinim fuaim tholl istigh inti, amhail is dá mbeadh an anáil ag imeacht aisti. Níl a fhios agam ar tharla sé i ndáiríre nó an é gur ciapóga a tháinig ar mo shúile sa tréansolas seo, léaspáin de chineál éigin, ach nuair a d'ardaigh mé i dtreo na gréine í, chonacthas domh gur shíothlaigh sceith shruthshoilseach as a cuid beochréachtaí. De réir cosúlachta, tá an tsuaithníocht ar adhastar na humhlaíochta anseo. Chan iontas ar bith go bhfaca bean Brisbane taibhse a hathar. Agus mise ag déanamh ábhair magaidh di níos luaithe.

Bhí coim na hoíche ann faoin am ar shroich muid Sete. Ghlac sé cúig huaire orainn an t-aistear anásta a dhéanamh aníos ó Bhandar. Faoin am ar aimsigh muid lóistín bhí mé ar shéala titim as mo sheasamh le tuirse an tsiúil. Cha raibh mé cuachta suas i mo mhála codlata i gceart go raibh mé i mo chnap codlata. I dtrátha an hocht, i ndiaidh dhá uair de thromshuan an bhisigh a chur díom, bhíog mé agus mé i mbarr mo mhaitheasa. Bhí babhla de shú glasraí agam a raibh cothaitheacht mhaith de chabáiste, de chóilis agus de chairéid ann. Ba leor sin agus bolgam milis de thae *masala* le mé a líonadh.

Anocht, ar chúis éigin, cha dtig lasóg ar bith a chur sa *tilly* agus dá bhrí sin tá muid ag brath ar choinnle agus ar lampa beag ola le solas a choinneáil linn. Tá mé i mo shuí anseo os coinne na tine ag bord a bhfuil brat buí bláthbhreac spréite air, ag scríobh na dialainne seo i gclapsholas Ceilteach na gcoinnle.

Inniu agus muid ag glacadh scíth nóna in Kenja casadh fear as Baile na Manach i mBaile Átha Cliath orm. D'aithin mé fear mo thíre ar thuin a chuid cainte agus é ag ordú lóin sa lóistín agus labhair mé leis. Bhí sé ar a bhealach ar ais go Jiri i ndiaidh dó coicís siúil a dhéanamh thuas i gceantar Solu. Bhain sé siar asam nuair a chonaic mé ar dtús é mar ina chosúlacht ba é seo mo sheanchara, Lar Cassidy, chugam go cruthanta. Dálta Lar, bhí déanamh breá fir air, é mór agus urrúnta, aghaidh chaol chnámhach air agus an ghruaig ag cúlú ó bharr a chinn. Aisteach go leor bhí breacaithne aige ar Lar. Bhí dúspéis acu beirt i snagcheol agus chastaí ar a chéile iad ag coirmeacha ceoil sa chathair. Bhain sé deoir asam agus é ag déanamh aithrise ar an gháire gháifeach, chigilteach a níodh Lar. Lena gháire fiáin, fonnmhar, nach minic a bhain Lar scairt gháire asam féin. Bhí an gáire úd tógálach. Thosaíodh sé ina shnaganna beaga, creathánacha, áit éigin in íochtar a bhoilg agus bhrúchtadh sé aníos go mbíodh sé ina phlob meidhreach ag sní as a bhéal. Rinne an fear seo iarraidh an-mhaith ar gháire Lar a thabhairt leis. Cha raibh in easnamh ach an fiántas sceitimíneach úd nach raibh tabhairt ar ais le déanamh air. Bhí an gáire sin seargtha i gcré na cille.

Chan ionadh ar bith go raibh a gháire mór: bhí Lar ina fhear mór, mórchnámhach ina dhéanamh, móraigeanta ina dhearcadh, mórchroíoch i gcuideachta agus i mbliain deiridh a shaoil, móruchtúil i mbreoiteacht. Bhí sé mór ina chuid éirimí ach cha raibh sé ariamh mórchúiseach. Cha raibh sé ariamh mórtasach. De bhrí nach raibh sé mór as féin bhí meas ag mion agus ag mór air.

Ceapadh Lar Cassidy mar oifigeach litríochta na Comhairle Ealaíon sa bhliain 1980 agus ón lá sin go lá a bháis, 8 Deireadh Fómhair 1997, d'oibrigh sé go dian agus go dícheallach le litríocht na hÉireann sa dá theanga a láidriú sa bhaile agus a leathnú i gcéin. B'iontach an fuinneamh tréan, teasaí, a bhí ag cúrsaíocht ina chuislí, a bhí ag sní ina shamhlaíocht. Ach chan ionann agus go leor dá mhacasamhail, bhí an fuinneamh seo, fuinneamh phléascach na cruthaíochta faoi úim aigesean. Bhí an chumhacht seo curtha i bhfearas aige. Las Lar a raibh ina thimpeall le solas a dhíograise. Beidh pobal pinn na hÉireann faoi chomaoin aige go cionn i bhfad de thairbhe éifeacht a chuid pleanála agus scóip a chuid scéimeanna.

Chaith muid an lón ag cuimhneamh ar Lar. Ar scor ar bith bhí bruith-theas ann agus b'fhearr fanacht faoi fhorscáth an lóistín go dtiocfadh fuarú beag sa lá. Cha raibh ciall ar bith a bheith ag siúl sa mheirbhtheas seo, dár marú féin.

'Nach caoin an áit é seo le bheith ag cuimhneamh ar Lar,' arsa mo chara. B'fhíor dó. Chuirfeadh caoindreach na háite suíomh Iodálach éigin i saothar cráifeach de chuid na meánaoise i gcuimhne duit. Shamhlófá gur Giotto a ghormaigh an spéir a bhí os ár gcionn is a chuir lí an óir sa tsolas a bhí ag niamhrú na sráide agus shleasa craobhghlasa na gcnoc. Thíos fúinn sa ghleann, bhí caintic na habhann ag tabhairt glóire do Dhia an tsrutha. 'Bheadh Lar i dtiúin leis na dúichí seo agus leis na daoine.' Bhí sé á rá seo agus é ag breathnú ar sheanbhean storrúil, a bhí suite ar a gogaide ar leac na sráide, á grianú féin. Bhí aoibh an tsuaimhnis ar a haghaidh phlucach agus í ina suí ansin go hurramach, ag méaraíocht a cuid coirníní urnaí. 'Nach í atá grástúil,' arsa seisean, 'suite ansin chomh gradamach le *chorten*.' Bhí sí ag grinniú na sráide lena súile sochma, monabhar a guí ag meascadh le scolgarnach na gcearc a bhí ag piocadh ina timpeall. 'Is dóigh liom go raibh dearcadh oirthearach ag Lar ar an tsaol sa mhéid is gur dhírigh sé a aigne i dtólamh ar a raibh ag tarlú ina thimpeall.' Bhí mé ar aon tuairim leis faoi sin. Fuair Lar blas ar bheo gach bomaite, ar shaintréith gach soicind. Ba eisean airdeallaí na súl aibí. Ba é an tsonraíocht bheacht sin a bhua i gcomhrá – an focal cuí agus an tabhairt faoi deara íogair, grinnsúileach. Cha dtiocfadh leat gan cluas éisteachta a thabhairt dó. Bhí craiceann ar a chuid cainte.

Shuigh muid ansin gur tháinig beochan beag sa lá. I dtrátha an dó líon mise mo bhuidéal campála le huisce te sa dóigh go mbeadh fliuchadh mo bhéil agam sa tsiúl tráthnóna. Cér bith míthapa a tháinig orm, sciorr an buidéal as mo lámh agus doirteadh an t-uisce ar an talamh. Bhí mo chara ag strapáil air a mhála droma agus ag teannadh na n-iallacha faoina choim.

'Mar uisce i mbuidéal iata, tá muid uilig gafa istigh ionainn féin,' arsa seisean, meangadh beag an gháire ar a bhéal. 'Go mbristear an buidéal cha dtig leis an uisce sileadh chun na farraige, a dhomhan dúchais.' Bhí sé ag déanamh aithrise ar an chineál cainte a chluinfeá ó Lar nuair a bhíodh dúidín á chaitheamh aige. Sa staid spreagtha sin cha raibh a shárú de chuideachta le fáil. Ar a leithéid d'ócáid théadh clog agus caileandar, am agus aimsir ar ceal.

Bhí glór na habhann ag éirí chugainn go réidh líofa as an ghleann.

'Is olc an t-uisce nach sileann chun na habhann,' arsa mise ag breathnú ar shruth beag an bhuidéil ag sní le fána na sráide.

'Bhainfeadh Lar brí as sin,' arsa seisean. Lig sé gáire rachtúil de chuid Lar as féin agus é ag imeacht uaim síos an cosán.

___

D'ainneoin go bhfuil bearradh fuar ar aer na maidine anseo in Sete, tá mé ag ithe mo bhricfeasta amuigh i gclós an lóistín. Uaidh seo tá radharc álainn agam ar ghleann glas coillteach an Kenja Khola, é oscailte amach thíos fúm chomh gleoite le leabhar lámhdhaite páiste. Tá solas osbhuí na maidine spréite thairis chomh mín, fíneáilte le huige sróil. Shioc sé go trom aréir. Tá screamh chriostail ar an fhéar a bhriseann ina smúdar geal gach uair a leagaim cos ar an talamh. Os mo chionn tá tréad asal ar féarach ar léana campála an lóistín. Cluinim a gcosa crúbacha ag siúl ar bhrat briosc an tsiocáin bháin. Aréir choinnigh a gcling bhinn, a g*concerto* cloigíneach ceol oíche liom. Gach uair a dhúisínn as mo chodladh bhí a gcloigíní ceolmhara ansin le mé a chealgadh ar ais chun suain.

Am éigin amach san oíche d'éirigh mé le mo mhún a dhéanamh. Níl an só *en-suite*ach coitianta sna lóistíní sléibhe seo. Chomh minic lena athrach is amuigh a bhíonn an leithreas i mbothóg gharbhdhéanta ar leataobh ón lóistín. Ní lú orm an sioc ná fiacha a bheith orm teolaíocht mo mhála codlata a fhágáil agus m'aghaidh a thabhairt amach ar an teach beag i bhfuacht feanntach na hoíche le mo mhún a dhéanamh. Fá choinne uair na práinne bíonn mo shoitheach fuail féin liom, buidéal plaisteach agus an scrogall gearrtha de. Ós rud é go mbím ag síoról tae, maidin, nóin agus deireadh lae, bíonn oibriú leanúnach ar mo chuid duán. *'Kathal's Kidney Khola'* a thugann Ang Wong Chuu ar an sruth uisce seo a bhíonn ag sní asam.

Bhí gealach chaoin chrónghnéitheach ag gliúcaíocht orm tríd an fhuinneog agus mé ag mún isteach sa bhuidéal. Nuair a d'fhéach mé amach bhí an spéir ina caor thine. Amhail is dá gcuirfí lasóg iontu bhí na réaltaí uilig ar bharr amháin lasrach. Tinte cnámh a bhí iontu ag dó os mo chionn. Cha bheadh iontas ar bith orm ag an bhomaite sin dá dtiocfadh buíonta aingeal ag aeraíocht ina dtimpeall.

Beimid in Junbesi anocht ach an Lamjura a chur dínn.

⸎

Tá muid inár suí anseo ag barr an bhearnais, ar mhullach sceirdiúil an Lamjura Bhanjyang. Ag 3,530 méadar seo an droim is airde idir Jiri agus Namche Bazar. Uaidh seo tá an radharc sléibhe éagsamhalta. Tá an t-ádh orainn, a deir Ang Wong Chuu, go bhfuil a leithéid de sholas sa spéir nó is annamh a bhíonn na sléibhte le feiceáil chomh soiléir seo. Bíonn cochall de cheo dlúth liath á gcumhdach de ghnáth ionas nach dtig a leithéid seo d'amharc lán léargais a fháil orthu. Os mo chomhair amach tá siad carntha le chéile ina gcruacha sneachta, ina gcaisil starrógacha, ina gcaisleáin chaithréimeacha. Tá siad ina n-amharc aeir agus iontais go bun na spéire. Faraor cha dtig an t-iontas aerga seo a cheapadh i bhfocail ach oiread is a thiocfaí adhastar sneachta a chur ar na capaill ualaigh seo atá ag tapú tharainn anois go tapógach.

Seo scrín an tsléibhe, sanctóir an tsiúlóra. Tá an áit bheannaithe seo breac le hofrálacha altaithe a d'fhág taistealaithe diaganta ina ndiaidh agus iad ag trasnú an tsléibhe. Seo a ngníomh creidimh, a mbeart dóchais, a mbabhta machnaimh – na carnáin chloch seo a thóg siad, cloch ar chloch, thar na cianta, na bláthfhleasca seo d'Ór Mhuire a d'fheistigh siad de na clocha, á mbuíú agus á n-órú le slabhra ornáideach na mbláthanna, na bratacha urnaí seo a d'ardaigh siad ina gcoill stialldaite i mbéal na gaoithe. Inniu agus stamhladh mór ann ón aird aniar tá na bratacha stiallta, siabtha seo spreagtha. Tá 'Om mani padme hum' á chur os ard acu, á chraobhscaoileadh acu ar fud na bithchríche. 'An tseoid i gcroí na loiteoige' is ciall leis.

D'fhág muid Sete i dtrátha a naoi a chlog ar maidin. Tá sé ag bualadh ar leath i ndiaidh an dó anois. Char casadh treiceálaí ar bith orainn ach amháin slua Seapánach ag máirseáil tharainn ina scuaidrín docht, dolúbtha, ar a mbealach suas, a gcoiscéim téirimeach, tíoránta. Am agus aimsir, arsa mise liom féin, tabharfaidh siad an Searcach go barr an tsléibhe.

Ó Sete bhí an mhalaidh inár n-éadan ach de thairbhe go raibh ár dtriall den chuid ba mhó ar chabhsa coille agus ceol na n-éan dár dtionlacan is beag nár mhothaigh mé masla na siúlóide ar chor ar bith. Cé go raibh na héin seo uilig coimhthíoch agam bhraith mé go raibh a bportaireacht bhéil chomh buacach le banna luasc-cheoil. Chuir a gceiliúr aerach spriolladh agus steip i mo shiúl agus mé ag gabháil trí choillte clapsholasacha na gcnoc.

Bhí sos againn in Goyom. Bhí muid inár suí ansin i gcathaoireacha gréine ar ghrua na sráide ag ól tae, Ang Wong Chuu agus Pemba ag déanamh cuideachta leis na seanmhná súgacha a bhí ag cniotáil lenár dtaobh, cearc mhór bhreacbhuí agus a héillín ag scríobadh na sráide ag ár gcosa. Go tobann dhorchaigh an lá orainn. Mhothaigh muid seabhrán gaoithe ár bhfuarú. Ansin bhí toirt liathdhorcha eiteogach os cionn na circe, ag déanamh anuas uirthi de ruathar tréan crúbach. Sula raibh faill againn ár n-anáil a tharraingt, bhí sí sciobtha léi, sa rúide luais seo, suas chun na spéire. Lig na seanmhná liú caointe astu d'aonghuth ach ba bheag an mhaith an mhairgneach agus an slad déanta. Bhí an t-iolar ag deifriú abhaile ar Screag na mBeann agus an *take-away* leis, te agus freiseáilte. Bhí na seanmhná tógtha i gceart agus dúghleo cainte astu triúr. Bhain na buachaillí spraoi astu, iad á gcáineadh, mar dhea, as siocair iad a bheith chomh leisciúil, chomh neamartach, chomh liúdramánta ina gcúraimí. D'inis Ang Wong Chuu domh go raibh nath cainte i Neapailis a thagair dár tharla. 'Nuair a bhí an tseanbhean ag spraoi sciob an seabhac an sicín.' Bhí sé féin agus Pemba, ar mhaithe le greann, á chaitheamh seo leis na seanmhná. Agus muid á bhfágáil bhí siad ag féacháil an t-éillín beag cráite, creathnaithe a chur le cearc eile ach cha raibh siadsan ag cloí léi. An t-amharc deireanach a bhí againn ar na seanmhná ná iad ag rith thart sna rua rásaí ag breith ar na sicíní agus á gcur isteach i mbascáid mhór shlatach.

Uair mhaith siúil os cionn Goyom tá *karka* nó mín féaraigh sa tsliabh, buaile a úsáideann sréadaithe agus iad ar buailteachas. Anseo agus ansiúd tá bbotháin chloiche agus bothóga fóid le feiceáil. Seo na scáthláin ina ndéanann siad cónaí iontu i gcaitheamh an tsamhraidh agus iad ag tabhairt aire dá dtréad bó agus caorach. Tá cúpla lóistín tógtha anseo anois agus tuilleadh á mbeartú. Bhí sos tae againn sa bhuaile gréine seo. D'fhéadfainn suí ann ar feadh fada go leor ach 'Bhí mílte le siúl, mílte le siúl, sula leagfainn mo cheann ar philiúr an tsuain.' Bhí sneachta ar an chosán ach cha raibh Frost san aistriúchán. Cha raibh an dara suí sa bhuaile agam, mar a déarfá, ach m'aghaidh a thabhairt ar an mhullach. Ón mhín sléibhe seo go barr an bhearnais bhí paistí sneachta agus seaca ar an chosán agus bhí an ghaoth ní ba ghéire. Bhí cuma dhuairc, dheileoir ar shleasa an tsléibhe anseo, gan ag fás orthu ach cíbleach cadránta agus sceacha scrobanta. Rinneadh ár agus gearradh ar an choill chrann a bhíodh anseo. Anois tá a gcnámha ag éamh san fhásach seo. Chan iontas ar bith go bhfuil cuma thaibhsiúil ar an áit. Níor cuireadh spiorad na gcrann faoi chónaí i gceart.

Tá mé i mo shuí anseo le breis agus leathuair an chloig ag breacadh nótaí agus ag adhradh an tsléibhe ó altóir seo na hairde. Tá na buachaillí imithe cheana féin ar a mbealach go Junbesi. Tá stór beag de sheacláidí bána na Beilge liom le hócáidí den chineál seo a chomóradh le milsíneacht. I ndiaidh dóibh leac sheacláide an duine a ithe bhí fonn orthu tabhairt faoin siúl arís. Tá sé deileoir abhus anseo faoi bhéal iomghaothach an aeir. Ar scor ar bith, chan cúis iontais ar bith dóibhsean an radharc rúndiamhrach seo. Níl ina bhfuil le feiceáil agam uaidh seo, a deir siad beirt, ach aithris sléibhe. 'Fan go bhfeicfidh tú fathaigh an Khumbu,' arsa Pemba go bródúil. Níl iontu seo, de réir cosúlachta, ach na réamhscéalta, na macghníomhartha sula dtosaíonn móreipic Himal an Khumbu. De réir Ang Wong Chuu beidh fána an chnoic liom síos go Junbesi.

Bhí an choisíocht géar agus tiubh, síos an sliabh, trí choill thais chumhra ghiúise, gur rug mé ar na buachaillí amuigh ar an chothrom. Bhí siad ina suí faoi bhéal carraige, á dtéamh féin ar bheochán beag tine a bhí lasta acu le cipíní. Bhí buachaill eile ina gcuideachta, é ní b'óige ná iad, bratóg allais á triomú aige os cionn na toite. Bhí deich nduilleog leathan stáin, gach síte acu ocht dtroithe ar a fhad, á n-iompar aige ó Jiri go Junbesi. Ba seo an ceathrú lá dó ar an bhealach agus bhí súil aige ceann scríbe a bhaint amach go déanach anocht.

Bhí a chuid gruaige ag glioscarnaigh le sobal allais, corrdheoir ag sileadh anuas thar a ghnúis dhóighiúil chródhonn. Seacht mbliana déag a bhí sé agus an obair iompair seo ar siúl aige le breis bheag agus bliain. Fuair a athair bás go hóg, gan é ach ocht mbliana agus tríocha nuair a réab púdar pléasctha go taismeach sa chairéal cloch ina raibh sé ag obair. Cha raibh cúl airgid ar bith acu agus b'éigean dósan an scoil a fhágáil agus cuidiú beag a shaothrú dá mháthair agus dá bheirt dheirfiúracha. Cha raibh iontusan ach girseacha beaga bunscoile, gan aon acmhainn acu go fóill ar obair throm. As siocair go raibh sé ag fáil íocaíochta de réir an chileagram, d'iompair sé oiread meáchain agus a thiocfadh leis a thógáil ar a dhroim déagóra. Bhí fear fásta i gcumas a chnámh ábalta ceithre scór cileagram a iompar ach cha raibh seisean, a bhí fós i mboige a óige, ábalta níos mó ná leathchéad cileagram a iompar in éadan an tsléibhe.

Nuair a d'fhiafraigh mé de an raibh sé míshásta lena shaol, d'amharc sé orm go truacánta, dreach caillte air. 'Tarlóidh a bhfuil le tarlú,' arsa seisean, an ghéilliúlacht chráite sin ina ghlór a bhfuil seanchleachtadh agam anois air. Creideann na daoine seo go docht nach dtig cor a chur sa chinniúint. Ó uair na giniúna bíonn a bhfuil romhat leagtha amach duit. Nuair a bhí muid ar tí imeacht rug sé greim láimhe orm agus shnaidhm sé a mhéara gágacha, cranraithe thart uirthi go ceanúil. D'fhéach sé orm go díreach. 'Tá do shaol ar do lámh féin agatsa, a dheartháir, ach sa tír seo creideann muidne go dtig le duine a dhoras a athrú, ach nach dtig leis a dhán a athrú.' Bhí trua agam dó. Theann mé le m'ucht é agus arsa mise leis isteach ina chluas, 'Cér bith a dhéanfas tú, coinnigh an doras ar thaobh an fhoscaidh den Dúchinniúint.' Bhain sin gáire as. Chas sé a lámha thart ar mo mhuineál go muirneach agus bhrúigh a chorp beag cifleogach suas i m'éadan. Shílfeá gur mise a sciath cosanta in aghaidh anachain an tsaoil. Anonn leis ansin i leith an lóid. Chuidigh na buachaillí leis an t-ualach a chothromú ar a dhroim. Ansin bhí sé ar shiúl de choiscéim éadrom, thomhaiste, suas an cabhsa. Níl méid ná meáchan ann ach tá iompar ualaigh ann. Dá mbeinnse lódáilte lena leithéid sin d'ualach ar feadh ceithre lá, tá mé lánchinnte de nach mbeadh iompar mo chraicinn ionam ina dhiaidh. Seo buachaill i mbláth na hóige ach tá gach lá den sclábhaíocht seo ag baint an tsnua dá scéimh. Níl a fhios ag aon duine an meáchan ach an té a iompraíonn an t-ualach.

Bhí buille maith siúil fúinne agus ba ghairid go raibh muid chun tosaigh air. D'amharc mé thart agus muid ag trasnú an droma. Bhí sé ag siúl leis ar a shuaimhneas, a cheann faoi agus an leac stáin ag caitheamh drithlí solais óna dhroim.

Bhí an oíche linn agus muid ag deifriú anuas an cabhsa lúbach go Junbesi, aghaidh dheargalasta na gealaí dár dtreorú thar dhraenacha agus thar dhíobhóga sa tslí. Níos luaithe bhí radharc an-bhreá againn ar Junbesi nuair a thóg muid an t-ard mullaigh atá amuigh agus istigh ar uair an chloig ón bhaile. Thíos fúinn bhí an baile féin agus an leathantas méith curaíochta atá thart air báite i solas tláithbhuí an tráthnóna. Bhí loinnir dheireanach an lae ag fágáil dhath an órloiscthe ar dhíon an *gompa* atá suite i gcroí an bhaile.

***

Roghnaigh Ang Wong Chuu lóistín a bhí compordach agus sóúil i ngach dóigh. Bhí solas leictreachais acu, teilifís sa tseomra suí agus craos tine sa tsornóg ar a róstfá muc. Mé féin agus lánúin as an Ollainn na haon aíonna iasachta a bhí ag lóistíocht thar oíche. Bhí siadsan aicearrach go maith liom nuair a chuir mé ceiliúr cainte orthu. Thug siad freagra orm ach ba go fuarbhruite a rinne siad é. Ba léir nach raibh fonn ar bith orthu comhrá a dhéanamh. Bhí sise ard agus bánghnéitheach, gúna glasuaine craobhach uirthi agus *pashmina* dearg crochta léi. Bhí an chosúlacht airsean go raibh sé ní ba shine ná í, giobarsach bhricliath féasóige i mbun a ghéill, é borrtha go maith sa bholg, sprochaillí faoina shúile. Chuirfeadh deirge na culaithe reatha a bhí á caitheamh aige riastradh catha ar tharbh leath-throdach ar bith. Bhí an seomra plúchta acu lena gcuid toite ach ós rud é nach duine gearánach atá ionam, char bhac mé le hachasán a thabhairt dóibh as a bheith ag caitheamh faoi mo ghaosán.

I ndiaidh an dinnéir shocraigh Ang Wong Chuu, Pemba agus buachaill iompair na nOllannach suí síos os comhair na teilifíse. Bhí scannán Hindi ar siúl, ceoldráma screadach de chuid Bollywood. Bhí sócúlacht na tine agamsa agus ag na hOllannaigh, mise ag léamh, iadsan beirt sáite i léarscáil. Bhí an seomra seascair agus solasmhar agus ach ab é an toit cha bheadh locht le fáil air.

Cha raibh an scannán i bhfad ar siúl nuair a sheas bean na hOllainne suas agus arsa sise go soibealta leis na buachaillí, '*Please turn off that racket. We want to read our maps in peace.*'

Bhuail spadhar feirge mé nuair a chuala mé seo. Nár shotalach an mhaise di a leithéid a rá leis na buachaillí bochta seo. Is annamh a bhíonn deis acu breathnú ar an teilifís agus tá a fhios agam go mbaineann siad sásamh mór as na scannáin mhaoithneacha seo. Drochbhreith uirthi! Cha raibh soibealtán mná mar í seo ag gabháil a chur cúl ar phléisiúr beag oíche na mbuachaillí bochta seo. Bheadh sé níos caolchúisí agam, níos mó i dtiúin le héirim an Bhúdachais an urchóid a bhaint as mo chuid focal ach bhí mé ar dearg-daoraí léi. Bhí mise ag gabháil a sheasamh an fód do na buachaillí, 'Tá a oiread de cheart ag na buachaillí breathnú ar scannán callánach agus atá agatsa an seomra seo a phlúchadh le bréantas toite.'

Baineadh siar aisti ar feadh bomaite. Ansin thug sí a haghaidh orm go bagrach, lasadh feirge ina gnúis mhílítheach, 'Níor chóir go mbeadh teilifís i seomra suí na gcuairteoirí. Tig an chuid is mó againn anseo ar lorg suaimhnis. Ní theastaíonn uainn teilifís a bheith dár mbodhrú.'

A leithéid de shoibealtacht iartharach. Ba seo duine gan iúl, duine a raibh an saol ar a toil aici ach í dírithe go huile agus go hiomlán uirthi féin. Bhí na buachaillí ag breathnú orainn, cuma chorraithe orthu, níos mó spéise acu anois sa dráma seo ná sa cheann a bhí ar an teilifís. Dúirt mé léi gur mhór an náire di teacht anseo lena leithéid de thuairimí tíoránta.

'Tá muid ag íoc as fanacht anseo. Tá ár gcearta againn,' arsa sise go teanntásach.

'Tá ár gcearta againne fosta,' a dúirt mé léi ar an dara focal. D'iarr mé uirthi an toitín a mhúchadh, láithreach.

Bhí a céile ar a chosa anois, saothar anála air le tréan feirge. *You are insulting my wife,* arsa seisean go dásachtach. Bhí an chuma ar an scéal go rachaimis chun spairne lena chéile.

Chonaic mé Pemba ag sciorradh isteach chun na cisteanadh. Cha raibh i bhfad go raibh sé ar ais agus báisín uisce galach leis. Faoin am seo bhí mé féin agus na hOllannaigh imithe chun stálaíochta lena chéile. Tháinig Pemba chun tosaigh agus sheas sé ar a n-aghaidh amach, an báisín á bheartú aige go dainséarach ina dtreo. Bhí an teannas a bhí eadrainn réidh le réabadh. Bhog Pemba níos cóngaraí dóibh.

Me hot water you!' arsa seisean, cuil nimhe air.

Phléasc mé amach ag gáire i ngan fhios domh féin. Bhain Béarla polltach Pemba an ghaoth as an bhruíon amaideach seo. Phioc na hOllannaigh suas a gcuid léarscáileanna, shiúil siad thart ar Pemba go faichilleach agus d'ardaigh siad an staighre gan focal eile a rá. Bhí Ang Wong Chuu ar a ghlúine ar an urlár agus é craptha suas ag gáire. Bhí Pemba é féin gealgháireach anois agus é ag smeachadh uisce lena mhéara ar Ang Wong Chuu. Thosaigh seisean ag ceol, a chuid focal féin á gcur aige ar amhrán pop a chuala sé uaimse: *I want to be in your gang, your gang, your gang.'* Bhí sé ag siúl thart ar Pemba anois, ag gluaiseacht is ag geáitsíocht, ag ligean air féin gur réalt scannáin a bhí ann.

I want to be in your gang, your Gatlang gang,
I want to be in your gang, my tatopani Thamang.'

Ciallaíonn *tatopani* uisce te. Bhí mé féin agus buachaill na nOllannach ag tabhairt tionlacain dó anois, muid ar fad ag rince thart ar Pemba go spraíúil, spreagtha. Sheas seisean i lár báire, ag cur gothaí troda air féin, mar dhea. Bhí muid ar an ealaín sin go ndeachaigh na soilse as i dtobainne. Mar a tharlaíonn sa tír seo go mion minic theip ar an leictreachas. Chuir sin deireadh lenár gceoldráma. Dúirt buachaill na nOllannach linn gur anuas a bhí siad ag teacht is go mbeadh siad ag bualadh bóthair le bánú an lae. Bhí lúcháir orm é sin a chluinstin. B'fhearr liom i bhfad uaim iad ar maidin. Cha raibh fonn ar bith orm an bricfeasta a chaitheamh ag amharc ar na smuilceacháin ghnúis-searbha sin. Thug mé barróg mhór rábach do Pemba ag barr an staighre, ag gabháil buíochais leis as ucht teacht i gcabhair orm. B'in an bharróg a fuair freagra. Theann sé a ghéaga i mo thimpeall go ceanúil, cosantach.

'*Me your tatopani Thamang,*' arsa seisean agus é ag cur dlúis lena theagmháil.

'*Yes,*' arsa mise. '*Mero sano Pemba* (Mo Pemba beag).'

Leag sé a cheann ar m'ucht, teas agus téamh i dtéagar a chnámh.

Tá muid ag déanamh lóin in Traksindho, baile beag aíochta atá ina shuí go grástúil ar bharr an tsléibhe. Ag breis agus deich míle troigh tá an áit óstaíochta seo amuigh ar aghaidh na síoraíochta, amharc aeir agus iontais aige ar an spéir os a chionn agus ar an tsaol ag a chosa. Ag ceann uachtarach an bhaile tá áirse a bhfuil pictiúir den Bhúda ina shuí péinteáilte uirthi i ndathanna glé, niamhracha. Ónár dtábla radharcach, suite anseo idir an t-aer agus an talamh cóngarach do *chorten*, tá amharc sléibhe againn i ngach aird.

Síos uainn, ó mhullach go cothrom, tá talamh oibrithe le feiceáil sna gleannta, ar na leargacha, sna hailteanna. Tá a gceird go healaíonta ag na feirmeoirí a dhéanann an céimniú cumasach seo ar thalamh crochta na gcnoc. Shamhlófá gur shnoíodóirí a bhí i mbun oibre ar na sleasa. Tá na cnoic ar fad múnlaithe, dealbhaithe agus maisithe acu ina bpirimidí méithe curaíochta. Anseo cha dtáinig aon mhórathrú ar mhodhanna oibre na feirme le míle bliain. Seo ealaín ón seansaol, ailtireacht ársa seo na hithreach, agus í á cleachtadh anseo go fóill, chomh foirfe, feidhmiúil agus a bhí ariamh.

Bhí sé breacfhliuch agus muid ag fágáil Junbesi, scamaill mhóra shobalacha ar aghaidh ghuaireach na spéire. Ach thriomaigh sé suas roimh i bhfad. Nocht an ghrian, bearbóir na gile, agus lena lann ghéar solais bhearr sí an spéir. D'fhág sin go raibh aoibh ghlanghorm luisneach os ár gcionn agus muid ag ardú an tsléibhe ar ár mbealach ó thuaidh. Bhí Ang Wong Chuu ag rá liom go bhfaighinn mo chéad radharc ar Everest ag Khurtang. Bhí mé do m'ullmhú féin don taispeánadh seo, do mo bheannú féin amhail is dá mbeinn ag teacht i láthair Dé. Chomolungma, máthairdhia an domhain, an t-ainm a thugann na Sherpaí ar Everest. Níl amhras ar bith orthusan faoi dhiagacht an tsléibhe. 'An-sliabh-nach-dtig-le-héan-ar-bith-eitilt-thairis' an t-ainm ceana a bhí ag Ang Wong Chuu ar Everest agus é ina pháiste beag. Sir Andrew Waugh, ardmhaor suirbhéireachta na hIndia a d'ainmnigh an sliabh sa bhliain 1865, le hómós do George Everest, an té a bhí i bpost roimhe. Rabhanath Sikhadar as Beangál, cúntóir suirbhéireachta i seirbhís Waugh a thomhais agus a chinntigh airde an tsléibhe ar dtús sa bhliain 1852. Binn XV a thugtaí ar an tsliabh go dtí sin ach char tuigeadh d'aon duine gur seo binn na glóire, buaic na rún, an sliabh is airde ar dhromchla an domhain go dtí gur soilsíodh an fhírinne do Sikhadar. Cha raibh George Everest róshásta a ainm a ligean leis an tsliabh. Bhí seisean go láidir den tuairim gur chóir na logainmneacha dúchasacha a chaomhnú agus a choinneáil. Ach bhí an Bhreatain i réim agus chuirfeadh sé le glóir agus le honóir a himpireachta an sliabh is mó ar an tsaol a bheith ainmnithe as Sasanach.

Nuair a shroich muid barr Chnoc an Radhairc cha raibh bandia ar bith le feiceáil againn. Bhí múr rúnda ceo á caisliú go dlúth. Cha raibh sí ag gabháil á taispeáint féin don tsaol inniu. Bhí spéartha liathdhorcha an tsneachta ag dúchan an Khumbu níos faide ó thuaidh cé go raibh sé grianmhar san áit a raibh muidne. Cha raibh le feiceáil de Chomolungma ach cleite de shneachta séidte ag éirí go buacach ó chaidhp a cinn.

'No Chomolungma show today,' a deir Pemba, 'she snowsick.'

Ó Salung bhí fána an tsléibhe linn síos go dtí an Ringmo Khola, áit ar fhuaraigh mé mo chosa allasacha in uisce a bhí ar ghlaise na holóige. Shuigh mé ansin ar chloch ar bhruach na habhann sa tanalacht, mo chosa á suaitheadh ag méara meara an tsrutha. Os mo chomhair amach bhí líon damháin alla feistithe ar sceach, cúr bán na habhann ag lonrú mar chriostail sna téada céaracha. Chuir mé sonrú sa dóigh a raibh gach snáithe fite fuaite go foirfe ag an damhán alla i ngréasán a shaoil. Dá leagfainn mo mhéar go fáilí ar théad, anseo nó ansiúd, chluinfí an macalla láithreach i ngach clúid agus cearn den ghréasán. Tá an uige chomh leochaileach sin, chomh fíneálta sin, go bhfuil gach deoir fearthainne, gach leoithne gaoithe, gach teagmháil chuileoige, gach fáilíocht mhéar, inbhraite, thíos agus thuas i gcruinne an ghréasáin.

Bhí mé ag smaoineamh go bhfuil muidne mar an gcéanna. Tá muid inár gcónaí i ngréasán, gréasán na beatha. Tá muid ar fad ceangailte le chéile, cé acu in Ringmo sna Himiléithe atá cónaí orainn nó i Rinn uaigneach éigin ar chósta thiar na hÉireann. Tá muid ar fad fite fuaite, línte fuinnimh i líon mór na mbeo. Dá bhrí sin bíonn gach gníomh dár gcuid, gach gáire dár gcuid, le brath i ngach ball de chorp an ghréasáin. Ar an tslí sin tá muid freagrach as dán a chéile. Sin an rud a dtugtar grá na gcomharsan air. A bheith i dtiúin leis na téada ionas nach ndéanfaidh muid dochar dár mbráithre, an chuileog, an crann, an daol dubh, an duine. Is é ár ndán a bheith rannpháirteach i gcinniúint a chéile. Caithfidh muid comharsanacht mhaith a dhéanamh lenár gcomhdhaoine. 'All you need is love,' mar a dúirt na Beatles. Bhí an mheabhraíocht seo ar fad ag fabhrú i m'aigne agus mé i mo shuí ansin i mbrothall an lae ag baint sú as an ghrian. Bhí seo ar fad, is dócha, ag teacht trí mo cheann de bharr an chlampair leis na hOllannaigh an oíche roimhe sin. Is cinnte nach gcabhraíonn sé le sláinte an spioraid a bheith ag tógáil racáin is ag tarraingt gleo. Ní de lucht bruíne mé mura dtarraingítear asam é. Nach bhfuil meon an Bhúdachais i nath cainte dár gcuid féin – 'Is fearr foighid ná imreas.' D'fhéach mé ar an ghréasán arís. Bhí an damhán alla ag déanamh slacairt ar mhionfhéileacán a chuaigh i bhfostú ina líon géibhinn. Chuir sin deireadh le m'aisling bhráithreachais.

Os cionn na habhann, in Ringmo, bhí deoch de shú úll againn i dTeach na nÚll. Tá úllghort mór thíos faoin lóistín seo, crann aibreoige agus crainn phéitseoige ag fás ann fosta. Bean chnagaosta a d'fhreastail orainn, sciorta trom, buídhonn go dtí na rúitíní uirthi, naprún stríocach os a chionn sin, slabhra de chlocha luachmhara faoina bráid, fáinní ina cluasa. Bhí stáidiúlacht an Sherpa go smior inti, í téagartha gan a bheith trom agus iontach umhal ar a cosa. Bhí cuma uirthi go raibh seasamh stubranta déanta aici san áit seo agus nach ndéanfaí í a bhogadh in aicearracht. Thaitin sí liom. D'inis sí domh gurbh é a fear céile a chuir an t-úllghort agus a thug chun cinn é le dúthracht agus le foighid. Eisean a thionscain gnó na n-úll in Ringmo. Ó d'éag seisean bhí a ceathrar mac i mbun ghiollaíocht na n-úll.

'Mura ndéanann tú a dhath eile i do shaol, cuir cúpla crann úll,' arsa sise liom agus í ag líonadh mo ghloine athuair leis an tsú glébhuí glioscarnach. 'Bhéarfadh a mbláth agus a dtoradh pléisiúr don tsaol.'

Cha raibh muid i bhfad inár suí ansin gur mhothaigh an triúr againn boladh bréan ag géarú an aeir thart orainn. Chuaigh Pemba ag siortú thart gur aimsigh sé ábhar an bholaidh, luchóg mhór agus í ag lobhadh sa teas. Dúirt bean an tí go raibh sí ag fáil an bholaidh i gcaitheamh na maidine ach nach raibh a fhios aici cá has a raibh an bréantas ag teacht. Thiontaigh sí i mo threo agus arsa sise, 'Deirtear i gcónaí sa tír seo nach dtig feoil lofa a chur i bhfolach. Tá an rialtas atá anseo lofa agus síleann siadsan nach mothaíonn na daoine an boladh. Scríobh sin síos.' Ba bhreá léi é dá ndéanfaí an ráiteas sin a dhingeadh isteach i gcluas bhodhar na bpolaiteoirí. Nuair a bhí muid ag imeacht thug sí úll an duine dúinn. Chuimil sí lena naprún iad go raibh snas buí-órga ar a gcraiceann. Agus í ag síneadh an chinn ba mhó acu chugamsa d'fhiafraigh sí díom an raibh mé pósta. Nuair a dúirt mé léi nach raibh d'fhéach sí orm go rógánta agus arsa sise go feasach, 'Má itheann tú cúpla úll gach lá, geallaim duit go dtabharfaidh tú sásamh na leapa do do chuid ban.' D'fhág muid í agus ár n-iúl ar úlla. Agus muid ag tarraingt ar Trakshinto bhí Ang Wong Chuu agus Pemba ag cumadh a gcuid rannta gaoise féin mar gheall orthu. Ón gháire a bhí acu beirt bhí a fhios agam go raibh a gcuid cumadóireachta graosta agus gáirsiúil. D'iarr mé orthu rann dá gcuid a aithris domh, rud a rinne Ang Wong Chuu láithreach. Ansin b'éigean dóibh é a aistriú domh le go mbainfinn ciall as. Mhínigh siad é, líne ar líne, gan fiacail a chur ann. Is cinnte nach bhfuil siad coimeádach ina gcuid cainte. Ansin cha ndéanfadh a dhath maith dóibh ach go gcuirfinnse Gaeilge ar an véarsa. Bhí saothar anála orm ag aithris an ramáis seo dóibh in éadan na malacha, rud a chuir go mór, dar leosan, le gnéasúlacht na haithriseoireachta.

> Tá dhá úll shúmhara ar mo chrann,
> Is nach mé atá ádhúil, tá an-dúil
> Ag cailín deas donn as Dagchu
> A bheith á slíocadh is á líocadh,
> Is á mbealú lena béilín tais teann.
> Is nuair a bhaineann sí sú astu,
> Ligim ruabhéic aoibhnis is áthais
> Is tigim le haiku nó burdún nó rann.

Ar an ábhaillí sin, d'ardaigh muid an mhalaidh mhór ó Ringmo go Trakshinto.

Tá bratacha urnaí crochta gach áit timpeall na dtithe ina dtriopaill ildaite. Tá cuma tharraingteach ar bhailte na gcnoc agus iad gléasta go gleoite le steillbhratacha seo na cráifeachta. Thall agus abhus ar mhaoil na gcnoc, feistithe ar bhratchranna, tá a macasamhla le feiceáil ag siabadh sa ghaoth. Bratacha an Bhúda. Táimid anois go domhain i dtír an Bhúdachais. Ó d'fhág muid Deurali bhí líon na mballaí *mani* ag gabháil i méid de réir mar a bhí muid ag tógáil an tsléibhe. I dteanga na Tibéide is é an bhrí atá le *mani*, de réir Pemba, ná urnaí. Tá leacacha urnaí carntha romhainn achan áit ina mballaí beannaithe sa ród. Ní fios cé a d'fhág anseo iad nó cé hiad na snoíodóirí cloiche a dhearbhaigh agus a dhealbhaigh na scríbhinní diaga ar a ndreacha, na sútraí agus na mantraí. Níl de leid ar lorg a scéil ach na leacacha seo. Leacacha gan ainm. Fágadh anseo iad mar go raibh a leithéid seo ag lorg fabhair nó a leithéid siúd ag gabháil buíochais. Daoine ag iarraidh go gcuirfí cor beag dea-thola i gcúrsa a gcinniúna agus daoine a fuair a n-iarraidh. Daoine ag achainí go bhfaigheadh siad bás ar dhea-staid na ngrást agus go dtabharfaí athbhreith ádhúil dóibh. Daoine ag lorg seo agus siúd, cleamhnas compordach, comhréiteach i dtroid teaghlaigh, biseach ó dhrochthinneas, fómhar maith do na barraí, toradh ar phósadh, mac i ndiaidh cúigear iníonacha.

Tá siad ann ina gcéadta, trí chéad bliain, b'fhéidir, de phaidreacha lucht an tsléibhe. Iad dingthe go dlúth i gceann a chéile, mórthimpeall na mballaí, snoite, síonchaite, ídithe, caonach liath na haoise á gcur ó dhealramh ionas go bhfuil sé doiligh na bunscríbhinní a dhéanamh amach. Ach thar aon mhantra eile tá tús áite faighte ag 'Om mani padme hum' mantra Avolokiteshvara, Bodhisattva na Bá. Tá an oiread sin trua ina chroí do chás léanmhar an duine go saolaíonn sé é féin arís agus arís eile le fóirithint orainn. Cha ligeann an trua dó saol na saol a chaitheamh ar a sháimhín só i sómas *nirvana*. Leanfaidh sé leis, a deir Ang Wong Chuu liom, á shaolú féin go dtiocfaidh an lá ina mbeidh muid ar fad saortha agus slánaithe aige ó chiorcal tíoránta an bháis is na beatha.

Om mani padme hum! Bíonn na leacacha seo á rá agus á n-athrá, á gcanadh de ló agus d'oíche. Bíonn na bratacha urnaí á rá. Nuair a shéideann an ghaoth ó na sléibhte, piocann sí suas paidir seo na mbratacha agus craolann sí í i gcéin agus i gcóngar ionas go mbíonn crainn na coille, uiscí na habhann, féar na mbánta agus gairbhéal na gcosán ag aithris an mhantra. Ar an dóigh seo, dar leis na Búdaithe, cuireann an ghaoth gach beo sa bhithchríoch ag guí. Cluinim an t-uisce atá ag sní thar chlocha glasfhuara an tsrutháin á rá, cluinim na bladhairí atá ag gleadhradh i gcraos tine an lóistín á rá, cluinim an fuarú gaoithe seo atá ag triomú an allais de mo bhaithis in Trakshindo á rá.

Ní bhraithim aon bhearna anseo idir an rud saolta agus an rud spioradálta. Bíonn na daoine seo ag guí agus iad ag ullmhú bidh, ag iompar ualach, ag saothrú sna páirceanna, ag tiomáint miúileanna. Níl aon ghá le hócáid shollúnta, le searmanas. Bíonn siad ag guí agus iad ag gáire. Bíonn gach gníomh beannaithe: an préachán ag grágarsaigh ó bhinn tí, an tseanbhean ag piocadh a gaosáin sa ghrian, an smuga ina shlat glas idir a méara ciardhonna, Pemba ag scaoileadh cnaipe ar chúl cloiche. Anseo, d'fhéadfainn, gan aon stró, ullmhú do shiorradh gaoithe, nó ómós a thabhairt do chuiteog, nó mantra a dhéanamh as broimneach na miúileanna.

Agus mé i mo pháiste beag i gceann mo thrí bliana d'aois bhí sé de ghnás agam mo phaidreacha féin a chumadh. Ach nuair a chuaigh mé chun na bunscoile dúradh liom nach raibh paidir ar bith ceart ach amháin na cinn a mbítí á gcasúracht isteach i mo chloigeann le hord mór an údaráis. Ní raibh ach bealach amháin le labhairt le Dia agus ba é sin trí phaidreacha ceartchreidmheacha na hEaglaise. Anois agus mé i mbun mo mhéide tá saoirse agam a bheith óg, ógaigeanta, ar scor ar bith, agus seo arís mé ag cumadh mo chuid paidreacha féin.

Chaith muid an oíche in Nuntala. Am suipéir, chuaigh mé chun cainte le Meiriceánach as Minnesota a bhí ag fanacht sa lóistín fosta. Bhí na trí scór cnagtha aige ach cha raibh rian ar bith de mheath na haoise le sonrú ar a ghnúis ghnaíúil ná ar a choiscéim ligthe lúfar. Bhí an chuma ar a aghaidh shochma, phléisiúrtha go raibh sé ar a shuaimhneas leis féin. Bhí aoibh an gháire air i gcónaí. Chuir mé sonrú sa chóiriú a bhí air: bríste buí-oráiste, cóta breacliath olla ceangailte go húll na scornaí le cnaipí ómra, buadán corcra casta timpeall a chinn. Ba dheas dúshlánach mar a d'iompair sé a chuid éadaigh. Shamhlófá gur fás nádúrtha as a chabhail chaolard a bhí san fheisteas gháifeach seo. Bhí an Áis siúlta aige ar a aistear anama. Seo éirim as scéal a d'inis sé domh agus muid dár dtéamh féin timpeall na tine.

'Le blianta beaga anuas tá mise ar thóir rud éigin. Sonas! Suaimhneas aigne! Seasmhacht! Mo cheartlár féin! I ndeireadh na dála is dócha gur ionann na hidéanna sin ar fad. Tá siad uilig ag tagairt don tsocracht sin sa tsícé a shantaíonn an t-iomlán dearg againn. Is doilig an staid sin a aimsiú sa tsaol atá ann. Sa lá atá inniu ann bíonn ár gcuid fuinneog níos fairsinge ach bíonn ár ndearcadh níos cúinge. Bíonn níos mó céimeanna oideachais againn ach níos lú céille. Bíonn cuid mhór lucht feasa againn ach níos mó fadhbanna spioradálta. Tá an chumarsáid ag méadú ach tá caint ón chroí ag laghdú. Bíonn níos mó eolais againn ar an tsaol mór ach níos lú aithne againn ar ár gcomharsana béal dorais. Tá luachanna an mhargaidh ag méadú agus luachanna na beatha ag ísliú. Tá níos mó den mhéféineachas sa tsaol ná mar atá den mheitheal. Tá níos mó fíricí againn agus níos lú filíochta. Sin mar ba léir domh an saol. B'fhéidir go raibh mé diúltach. Ní thiocfadh liom socrú síos. Shiúil mé tíortha na hÁise ar lorg na seod sonais seo.

Cúpla bliain ó shin bhí mé i dtuaisceart na hIndia agus casadh fear cráifeach orm. *Sadhu*. Tá go leor acu sa tír sin. Bréagadóirí an chuid is mó acu. Déithe beaga an tsotail. Ach bhí an fear seo difriúil. Bhí solas ina shúile nach bhfaca mé a leithéid ariamh. Ba léir go raibh sé i dtiúin leis féin agus i dtiúin, dá bhrí sin, lena thimpeallacht agus lena Dhia. D'aithin mé go raibh a cheartlár féin aimsithe aige. D'fhiafraigh mé de cá háit a raibh teacht ar an chineál sonais agus ar an chineál solais a bhí faighte aige féin. Tháinig aoibh an gháire air agus d'inis sé an scéal seo domh:

Bhí fear ag filleadh abhaile de shiúl na gcos ón chathair, áit a raibh sé ag obair ar feadh na mblianta. Bhí crág mhaith airgid leis: na rúipithe a shaothraigh sé go crua is a shábháil sé go cúramach i gcaitheamh na mblianta. Ar an bhealach abhaile bhuail sé le fear eile, taistealaí a bhí ag gabháil an treo céanna, mar dhea. Bhí cuma shlítheánta, shleamhain ar an fhear eile seo. D'aithin mo dhuine gur gadaí a bhí ann agus bhí a fhios aige go gcaithfeadh sé a bheith ar a choimhéad is ar a gharda i gcónaí.

Le teacht an dorchadais b'éigean dóibh aíocht na hoíche a lorg i dteach a bhí ar a mbealach. Tugadh leabaidh an duine dóibh san aon seomra. Nuair ba léir don ghadaí go raibh an fear eile ina chodladh thosaigh sé ag rúscadh agus ag ransú trína chuid málaí ag lorg an airgid. Ní raibh sé ábalta pingin rua a fháil. Chuardaigh sé éadaí an fhir eile – bríste, cóta mór, gach ball dá cheirteach ach ní raibh bonn le fáil. Lean sé den chuardach timpeall na leapa ina raibh ár nduine ina chodladh go sámh. Lena mhéara fáilí thriail sé faoi na blaincéid go bhfeicfeadh sé an raibh crios an airgid i dtaisce faoina chom ag an fhear eile. Ní raibh faic le fáil. Lá arna mhárach lean siad den tsiúl. Le coim na hoíche d'aimsigh siad lóistín agus arís bhí siad san aon seomra. In am marbh na hoíche chuardaigh an gadaí thíos agus thuas ach cha raibh toradh ar bith ar an tsiortú. Chuir seo a sháith iontais ar an ghadaí mar bhí a fhios aige go raibh measarthacht airgid ag an fhear eile. Nach bhfaca sé lena shúile cinn an sparán teann a bhí aige nuair a bhí sé ag díol as an tseomra. Ar an tríú lá agus iad ag scaradh lena chéile, d'admhaigh an gadaí go raibh sé ag déanamh a sheacht ndícheall leis an fhear eile a robáil ach gur theip glan air an sparán a aimsiú. Rinne mo dhuine a sheacht ngáire. Ón tráth ar casadh ar a chéile iad, bhí a fhios aige, a dúirt sé, gur gadaí a bhí sa tsiúl leis. Bhí sé géarshúileach, a dúirt sé, ó na blianta a bhí caite aige i gcathair na gcaimiléirí. Bhí seanchleachtadh aige bheith ar a choimhéad. Agus cá háit ar fholaigh sé an t-airgead? Chuir sé a sparán san áit ba shábháilte sa tseomra. Sháigh sé isteach i bpiliúr an ghadaí é. Bhí a fhios aige, a dúirt sé, nach gcuardódh sé an chlúid sin choíche.

Agus sin ceacht fíorthábhachtach a d'fhoghlaim mé ó fhear naofa na hIndia. Tá an sonas, an solas istigh ionam féin. Dálta an ghadaí bhí mise ar feadh i bhfad ag tóraíocht an tsonais san áit chontráilte. Bhí an sparán solais seo faoi chumhdach i bpiliúr sa tsícé.'

Thaitin a ghuth cinn liom, ciúin, bogbhriathrach, binn. Thug sé a cheart féin do gach focal. B'fhurasta éisteacht leis. Ach chan boige an bhinnis amháin a bhí ina ghlór. Taobh thiar den ghrástúlacht shéimh sin bhí údarás cinnte an chainteora oilte. Dhírigh sé a chuid cainte ar an chuid ab íogaire den chluas. Chuimil sé an chuisle bhraistinte sin istigh ionam le foghar meallacach a ghutha. Cha raibh iontas ar bith domh cluas éisteachta a thabhairt dó. D'fhiafraigh mé de an raibh an teagmháil dhomhain sin a luaigh sé déanta aige lena lár féin.

'Ar a laghad tá a fhios agam cá háit le m'aire a dhíriú anois,' arsa seisean, fáthadh an gháire ar a bhéal. 'Lena chois sin cleachtaím córas machnaimh a shuaimhníonn m'aigne is a shuáilcíonn mo shaol. Ach thar aon ní eile d'fhoghlaim mé le gáire a dhéanamh. Gáire a aclaíonn na seanscamhóga seo agus a shéideann an dusta de mo smaointe.'

Gan siocair ar bith bhris an bheirt againn amach ag gáire, amhail is dá mbeadh muid ar chiall na bpáistí.

'Tá aingle ábalta eitilt mar go bhfuil siad éadromaigeanta agus éadromchroíoch,' arsa seisean, agus é ag sciathánaíocht suas an staighre dréimreach chun na leapa, ag ligean air féin go raibh sé ar eiteoga.

Bhí an fuacht ag gabháil go cnámh ionam agus muid ag fágáil Nuntala. Bhí síos an sliabh linn ar chosán sleamhain seaca, solas géar gealbhuí na maidine ag baint dealraitheacha dalltacha as an tsiocán bán inár dtimpeall. Tchífeá an anáil dár bhfágáil agus ag gabháil amú ar an aer.

Leathuair an chloig ó Nuntala, casadh táilliúir beag feosaí, spadliath orainn. Bhí sé ina shuí ar ghruaimhín an chosáin, blaincéad smolchaite faoina thóin, a mheaisín fuála – Singer den tseandéanamh – lena thaobh, pósae de bhláthanna plaisteacha i bpóca brollaigh a sheaicéid, cuma sheargtha orthu. A leithéid de radharc truamhéalach, táilliúir beag an tsléibhe ina shuí sa tsiocán ag iarraidh gnó a dhéanamh.

Is minic poll ar thóin táilliúra, a deirtear, agus b'fhíor an focal é i dtaca le táilliúir scifleogach an tsléibhe de, bhí a cheirteacha ar fad ina bpaistí pollta nó ina bpoill phaisteáilte. An té a bhfuil spéir an áidh os a chionn bláthóidh na clocha faoina chosa, ach an té ar dán dó an donas cha dtéann sé thairis. Bhí an oiread sin den mhí-ádh ar an ainniseoir bocht seo go raibh a chuid bláthanna plaisteacha, fiú amháin, i ndiaidh seargadh. Bhí trua agam dó. Cha raibh gnó ar bith agam leis ach ar son daonnacht a dhéanamh ar an duine bocht d'iarr mé air filleadh beag a chur in osáin an bhríste spáráilte a bhí liom i mo mhála. Chuaigh sé i gceann gnó láithreach agus ba eisean féin a bhí ina mháistir ar a cheird. D'fhill sé agus d'fhuaigh sé agus d'fheistigh sé mo bhríste le cúram agus le slacht. Nuair a d'fhiafraigh mé de cad é mar a bhí a ghnó na laethanta seo dúirt sé nach i mbiseach a bhí a shaothrú ag gabháil.

'Ina dhiaidh sin agus uile,' arsa seisean, 'an Dia a rinne an bolg soláthróidh sé lón lena líonadh.' Mo tháilliúirín beag bocht! Níl a chuid ag teacht ó neamh chuigesean ar scor ar bith. Ghuigh sé an t-ádh linn agus muid ag imeacht, aoibh an gháire ar a ghnúis thnáite, scilte.

Bhí mé ag insint d'Ang Wong Chuu agus do Pemba go mbíodh cáil na collaíochta ar tháilliúirí agus ar ghréasaithe na hÉireann sa tseansaol. Istigh a bhíodh seisean i measc na mban nuair a bhíodh fir eile amuigh i mbun a gcuid cúraimí sna cuibhrinn nó ar an tsliabh. D'aithris mé rann faoi ghréasaí bróg dóibh a bhain na seacht ngáire dhéag astu. Is furasta cian a thógáil díobh.

> *Bhí cailín ann agus bhí sí óg*
> *agus bhí sí pósta ag gréasaí bróg*
> *is ní raibh de phort aici*
> *ó mhaidin Domhnaigh go maidin Luain*
> *ach 'Sáigh do mheanaidh bheag suas i mo thóin.'*

Síos ó Phuleli thrasnaigh muid an Dudh Kosi – Abhainn an Bhainne – ar dhroichead crochta a bhfuil réise de 109 méadar aige trasna an tsrutha. Éacht innealtóireachta. Bhí Ang Wong Chuu chun tosaigh agus é ag déanamh leabaidh luascáin as an droichead ar mhaithe le spórt. Bhí mé féin agus Pemba ag teacht ina dhiaidh agus bhíothas dár dtuairteáil anonn agus anall le gach tarraingt fhiáin dár bhain sé as na cáblaí slabhracha. Bhí tráth ann agus chuirfeadh an luascán mire seo os cionn an duibheagáin crith magairlí orm le heagla. Anois tá mé chomh réchúiseach faoin chroitheadh seo, faoin trasnú tolgach seo, is a bheinn dá mba ar thalamh mín réidh a bhí mo shiúl.

Thíos fúinn bhí an Dudh Kosi ag torann anuas an gleann ón Khumbu, ag déanamh maistreadh de bhainne cúrach as glár oighearshrutha a cuid uiscí. Bhí an tormán sruthach sin i mo chluasa agus muid ag tarraingt suas ar Jubing, trí thalamh curaíochta a raibh fabhraíocht mhaith faoin eorna ann agus uabhar ar an mhustard bhuí. De shliocht Rais bunadh an bhaile seo agus tá dea-cháil na feirmeoireachta orthu, a deir Ang Wong Chuu liom. Tá méith na talún acu anseo.

Lenár n-anáil a tharraingt bhí sos beag againn in Choka, leathuair siúil suas ó Jubing. Faoin am seo bhí an ghrian ina neart agus fliuchadh béil ag teastáil uainn go práinneach. Bhí cúpla Coke an duine againn. Bhí na buidéil tumtha i mbuicéad uisce fuar. Níor bhlais an deoch chéanna ariamh ní b'fhionnuaire ná mar a bhlais sí inniu in Choka. Tá na deochanna boga seo ar fad trí agus ceithre huaire níos daoire anseo ná mar atá siad in Kathmandu de thairbhe an chostais iompair aníos ó Jiri. Ach b'fhiú a sheacht n-oiread an deoch inniu agus muid spallta leis an tart.

Trasna an ghleanna ó Choka bhí barr an chnoic le thine. I ndiaidh bhoglach buan an mhonsúin tig triomach agus teaspach. Fágann seo an fásra ar fad briosc agus tirim agus is furasta lasóg a chur ann. Is minic a théann tine ó smacht nuair a bhítear ag spalladh talamh garbh, a deir Ang Wong Chuu. Is cosúil gurb é sin a tharla anseo. Bhí an loscadh sléibhe le feiceáil againn agus muid ag tarraingt ar Khari Khola. 'We go from Coca Cola to Khari Khola,' a dúirt Pemba agus muid ag fágáil Choka.

Chonaic muid an gríos drithleogach ag scuabadh trasna an tsléibhe, na bladhairí ina gcraosdeamhain ag déanamh smúdair de scrobarnach, ag slogadh crann, ag éirí ina dtonnta dubha craobhlasracha thar charraigeacha. D'fhág an dó smúr dorcha ar spéir an tsléibhe. Ba léanmhar an radharc é a bheith ag amharc ar léirscrios seo na gcrann agus gan a bheith ábalta a dhath a dhéanamh lena dtarrtháil. Dófaidh an tine seo go ndéanfaidh sí í féin a ídiú ar bhlár lom carraigeacha nó go mbáfar í in abhainn thréan sléibhe.

Casadh Meiriceánach meánaosta as LA orainn agus muid ag tarraingt síos ar Khari Khola. 'Mayadevi' a ghlaoigh sé air féin agus bhí a shiúl banríonúil. Bhí a bhantracht leis fosta. Tháinig siad i láthair, ina nduine agus ina nduine, ceathrar fear ní b'óige ná é, Laxmi, Kali, Parvati agus Saraswati – iad ainmnithe aige as bandéithe Hiondúcha, gach fear acu péacach, piteogach, cabach. Chan achan lá a chastar buíon de bhandéithe ort. B'aoibhinn a gcomhluadar aerach, a gcaint bhéalscaoilte.

'*From Ireland, dearie. I hope you are forty shades of pink,*' arsa Laxmi, a lámh ag slíocadh mo ghabhail go neamheaglach.

'*I want to go naked in these mountains,*' arsa Parvati agus é ag fáisceadh T-léine bhán a bhí báite le hallas. '*Clothes are such a drag.*'

'*But darling, you have no clit.*' Bhí cuach mhéaldrámata i nguth Saraswati a chuirfeadh Kenneth Williams, lá den tsaol, i gcuimhne duit.

'*Oh balls! I'm slit at the back, Saraswati sweetie. I have the rearmost pussy in the west.*' Bhí Parvati ag cumhrú an smáil allais ar dhroim a léine le sprae de chuid Armani.

'*It's a divine aberration,*' arsa Mayadevi, údarás razzmatazzach ina ráiteas. '*Everybody loves the Grand Canyon of your vagina.*'

'*My fairy godmother was from some goddamn place in Ireland called Navan.*'

Níor labhair Kali go dtí seo. '*It's a word that reads the same whether you take it from the front or from the back.*'

Faoin am seo bhí Laxmi suite go cocach in ucht Pemba, a chosa sínte amach aige thar ghlúine Ang Wong Chuu. Shamhlófá ón dóigh a raibh na buachaillí ina suí aige gur ar *'chaise longue'* a bhí sé caite siar go macnasach.

'How boring, darlings. I certainly wouldn't like to be the same at the back and at the front. Kathal baby, ask these boys to tweedledee or even to tweedledum my G-spot. Everyday they should do a good deed.'

'Laxmi, darling, you are so assimilative.' Bhí Mayadevi ag caint go pléascánta. *'You uttered a palindrome, my sweet baby, without the slightest inkling of what you said. Deed is a palindrome. It reads the same, backwards and forwards.'*

'I am always open to be palindromed, either backwards or forwards.' Bhí Laxmi ar a chosa anois agus é ag síneadh lámh chuidithe chuig Pemba agus Ang Wong Chuu. Bhí tálach ina gcuid leasracha ó bheith ina suí go míshócúlach ar chorr carraige.

'OK, lady deities, we have to twirl our way to Nuntala.' Mayadevi ag cruinniú le chéile a bhantrachta de bhandéithe. Bhí a gcuid buidéal cumhrán amuigh acu agus iad dár bhfágáil, dár mbeannú agus dár gcoiscreacan le Armani agus Givenchy. Ansin bhí siad ar shiúl suas an cosán, a dtóinte beaga dea-chumtha ag bogadaigh ar insí bealaithe. Bhaist mé 'An Cor Cam' ar an chorradh sa chosán ina ndearna muid ár gcomhrá.

Ansin dheifrigh an triúr againne isteach go Khari Khola fá choinne lóin. Cé go raibh sé siar go maith sa lá agus i bhfad thar am lóin d'éirigh linn greim a fháil le hithe nó bíonn bia le fáil i gcónaí sna lóistíní. Cha raibh as béal na mbuachaillí ach na *'lady-mans'* mar a thug siadsan ar an bhaicle bhanúil. Rinne na bandéithe a mhór díobh agus thaitin sin leo. Anseo tá sé coitianta buachaillí a fheiceáil ag siúl lámh ar lámh nó ina suí in ucht a chéile. Is dá dtréithe agus dá ndúchas é a bheith caoin, ceanúil lena chéile ar an tslí seo. Chan baineanda atá siad ach bogchroíoch.

Tá Ang Wong Chuu agus Pemba iontach fiosrach faoi nósanna gnéis an iarthair. An rud is mó a chuireann iontas orthu ná go dtig le beirt fhear cónaí a dhéanamh lena chéile amhail is dá mba lánúin phósta iad. Níl a leithéid de chleamhnas insamhalta sa chultúr s'acusan. Tá sé de dhualgas dosheachanta ar gach fear bean a bheith aige agus teaghlach a thógáil. Ar ndóigh, is deacair teacht i dtír anseo gan tacaíocht chlainne. Ach ina dhiaidh sin féin níl Pemba nó Ang Wong Chuu ceartasach ar dhóigh ar bith ina ndearcadh ar an ghrá ná ar an ghnéas. Chan daoine iad a dhéanann dóigh dá mbarúil, nó a ghlacann le ceartseasamh creidimh i gcúrsaí moráltachta.

'In Nepal sex is hard,' a dúirt Pemba liom agus muid inár suí ag tábla amuigh faoin aer in Khari Khola. Bhain an *double entendre* gáire asam ach is i ngan fhios dó féin a dúirt sé é. Cha ndeachaigh an míniú amú air, mar sin féin, nuair a chuir mé ar a shúile dó é. Is éard a bhí sé a mhaíomh go raibh gach caidreamh collaí crosta ach amháin cúpláil an phósta. Thug sé le fios, ós rud é go raibh sé féin óg agus breabhsánta gur theastaigh uaidh tuilleadh den tsaol céadfaíoch sin a bhí toirmeasctha air a bhlaiseadh. Dúirt sé go raibh a chroí istigh ina bhean chéile ach . . . D'fhág sé an t-'ach' ag borradh san aer eadrainn. Luigh féileacán mór breacbhallach ar an tábla. Luasc sé as an aer chomh lúbach le duine de na bandéithe, chuir cúpla cor cam de féin ar an tábla agus ansin bhí sé ar shiúl le haer an tsaoil. Chonaic mé go raibh oibriú ag teacht ar aghaidh Pemba. Chonacthas domh go raibh fuadar cainte faoi ach nuair a labhair sé bhí an teanga ramhar ina bhéal.

'You likes ladymans or me?' arsa seisean, creathán tréan ina ghlór. Cha raibh ann ach go raibh sé ábalta labhairt. Rug mé greim ar a lámh agus d'inis mé dó nach raibh spéis ar bith agam i bhfear banúil, gurb é a mhacasamhail féin mo rogha leannáin. Dá dtabharfainn a throm féin d'ór dó, cha dtiocfadh liom a dhath níos mó lúcháire a chur air. Las a aghaidh le gnaoi domh. B'aoibhinn an dearbhú ceana seo a fheiceáil ón té ar mhó mo chion air.

Bhí Ang Wong Chuu istigh ag cuidiú le cailíní na cisteanadh an bia a ullmhú. Tá lámh mhaith aige ar chócaireacht ach ina theannta sin déanann sé cinnte de go bhfuil an bia a chuirtear inár láthair, glan, freiseáilte agus réitithe i gceart. Tháinig sé amach anois agus pláta feola leis, stiallta rósta d'fheoil buabhaill. Ba seo an chéad ghreim feola a fuair mé ó d'fhág muid Kathmandu agus ba mhór an sásamh a bhain mé as an tsúmhaireacht gheireach seo.

Bhí Ang Wong Chuu ag insint domh agus muid inár suí ansin sa teas, ag cogaint na feola, smeadar gréisce ar gach smig, go raibh seanrá acu sa bhaile a dúirt, 'Má chaitheann tú fuíoll bidh a ithe, ith cuid na n-uasal.' 'Ach leatsa, chan é an broc atá muid ag ithe,' arsa seisean, 'ach an ceann is fearr de chnámh na feola. Is minic agus muid ag treiceáil nach mbíonn ár gcothrom den bhia againn.' Tá turasóirí áirithe ann, a dúirt sé, a bhíonn chomh teann sin nach dtabharfadh siad a gcac do na madaí. 'Bheadh an t-ocras i ndán duit,' arsa seisean, 'dá mbeadh sé de mhí-ádh ort a bheith ina gcuideachta.'

D'fhiafraigh mé de an raibh dream ar bith faoi leith a dhéanann an saghas seo éagóra ar a gcuid giollaí.

D'fhreagair sé go neamhbhalbh: 'Na hIosraeilítigh. Tá siad chomh crua le cloch. Ní bhíonn sé de chroí acu scaradh le rúipí amháin féin má thig leo é a shábháil. Is mór an crá a bheith ag obair leo. Chan seo mo scéalsa amháin, seo an taithí choitianta atá againn uilig idir threoraithe agus ghiollaí iompair agus muid ag déileáil leis na hIosraeilítigh. Ocras agus ochlán, sin a mbíonn againn as a bheith ag obair leo.'

Chuir an racht frithghiúdachais sin mo sháith iontais orm. Ach ansin tuigeadh domh nach é sin a bhí i gceist lena chuid cainte. Cha raibh a leithéid de rud agus claonadh in aghaidh na nGiúdach á chothú sa phobal Bhúdaíoch as ar fáisceadh Ang Wong Chuu. Chan as réamhchlaonta a bhí sé ag caint ach as a chleachtadh pearsanta féin ar na daoine seo. 'Tá sé chomh crua le *Jew*,' a bhíodh ag an seandream agus iad ag caint ar dhuine éigin nach raibh fial ar dhóigh ar bith lena chuid. Bhíothas den bharúil sa bhaile nach raibh tréith ar bith i nduine níos fearr ná fairsingeacht na féile. Nuair a théann an ainnise i bhfostú i nduine seargann an t-anam. 'Tá sé chomh *mean* sin,' a dúradh liom tráth faoi fhear aitheantais, 'go dtabharfadh sé toitín lasta amach as a phóca ar eagla go gcaithfeadh sé an bosca a chur thart ar an chuideachta.' Bhí mé ag insint na nithe seo ar fad do na buachaillí. Bím ag iarraidh léas léargais a thabhairt dóibh ar mheon na hÉireann.

D'fhág muid Khari Khola gan mhoill i ndiaidh an trí. Bhí margadh amuigh faoin aer thíos i dtóin an bhaile ach bhí sé marbhánta go maith agus muid ag gabháil thairis agus char bhuair muid leis. Bhí Bupsa, ceann scríbe na hoíche, le feiceáil os ár gcionn, ina shuí lena *chorten* bán ar dhroim gréine. Ghlac sé dhá uair an chloig orainn an tsiúlóid a dhéanamh in éadan an chnoic suas go Bupsa.

Tráthnóna i dTír Tairngire a bhí ann, gnaoi na gréine ar an duine agus ar an dúlra. Cha samhlófá go dtiocfadh le pian nó piolóid, bás nó bochtanas a bheith mar chuid de dhán an duine sa tsolas lách, soilíosach seo. Bhí Ang Wong Chuu ag insint domh gur shíl na Sherpaí ariamh gur Beyul a bhí sa Khumbu, gleann folaithe ina raibh cónaí ar na fíréin, neacha a raibh tarchéimniú déanta acu ar neamhbhuaine na beatha. Sin insint na Sherpaí ar na críocha rúndiamhracha a mheastar a bheith faoi cheilt sna Himiléithe. Shambala agus Shangri-la na hainmneacha is coitianta a thugtar ar an limistéar rúin seo, dúnáras na bhfírean i ndaingean an tsléibhe. Bhí an chomharsanacht inár dtimpeall agus fad amhairc na tíre uainn faoi luisne an tsolais. Chan den tsaol seo an scéimh seo, arsa mise liom féin, ach den tsíoraíocht. Ach bhí a fhios agam i mo chroí istigh nach raibh ansin ach rómánsaíocht bhaoth an turasóra. Bhí mé ag leagan barraíocht béime ar an tsúil agus gan leath go leor ar an stuaim. Chuala muid glothar an bháis i nglór seanmhná agus í ina luí ar shráideog taobh amuigh dá bothóg. An t-amharc deireanach aici, b'fhéidir, ar an ghleann inar chaith sí a saol. Casadh fear orainn ag deifriú abhaile. Fuair sé scéala in Kathmandu gur thit a dheirfiúr le binn agus í amuigh sa choill ag piocadh duilliúr do na ba is do na buabhaill. Cha raibh a fhios aige a dhath ach go raibh an droim síos léi i ndiaidh di titim.

Tá crumhóg i gcorp an tsaoil ag beathú ar an bhás. Seo dán duairc an duine. Seo an saol a chastar ort gach lá sa tsiúlóid. Luath nó mall baineann an saol cnead asainn uilig. Ní doiligh gleann na ndeor a dhéanamh de ghleann an tsolais.

❧

Inniu shiúil muid ó Bupsa go Surkhe, sé huaire an chloig de shiúl righin sléibhe. I lúb choille os cionn Bupsa tháinig muid ar threibh langur, moncaithe dúghnúiseacha agus iad ag gleacaíocht i measc na gcraobh. Chomh luath agus a chonaic siad muid sciorr siad uilig isteach sna toir diomaite de mhoncaí mór amháin a d'fhan ina shuí ansin ar ghéag crainn, a bhod á nochtadh aige go drúisiúil.

Tá cloigeann moncaí ar Hanuman, dia Hiondúch a bhfuil an-ómós dó ar fud Neipeal. Eisean a chabhraigh le Rama an bua a fháil ar Ravanna, Rí aintiarnúil na ndeich gcloigne a d'fhuadaigh Sita, ansacht anama Rama, agus a choinnigh ina phríosúnach í ar feadh dhá bhliain déag. Tá Ramayana, an eipic chlúiteach Hiondúch, bunaithe ar an scéal gaisce seo. Tá gean ag rítheaghlach na tíre seo i gcónaí ar Hanuman. Mheas siad ariamh go seasfadh sé an fód dóibh agus iad ag gabháil i gcath.

Tá dealbh den dia seo ina seasamh ag gardáil gheata an tseanpháláis ríoga i gcearnóg an Hanuman Dhoka in Kathmandu. Agus mé ar mo chamshiúlta seachránacha timpeall na cathrach, chuir mé sonrú sa dealbh seo. Bhíodh clóca dearg á chlúdach i dtólamh. Nuair a d'fhiafraigh mé de threoraí a bhí ag obair sa chearnóg cén fáth an clóca dearg dúirt sé, 'Dá mbeadh sé ina chraiceann dearg thabharfadh sin scannal don teaghlach ríoga.' Shíl mé go raibh sin saoithiúil de bhrí go raibh íomhánna den chúpláil ab fhiáine dá bhfaca tú ariamh deartha faoi bhundlaoithe na dteampall, timpeall na cearnóige: leannáin ina bpéirí, ina gceathrair, ina seisir, ag dingeadh is ag diúl is ag dromaíocht i gcraos-scléip mhacnais. Nuair a chuir mé seo ar a shúile don treoraí dúirt sé liom gur cuireadh na híomhánna gáirsiúla sin timpeall na dteampall lena gcosaint ar thintreach. Bac tintrí a bhí iontu. Bhí bandia na tintrí iontach ceartaiseach ina dearcadh agus cha ligfeadh an náire di a súil dhiaganta a leagan ar na rilífeanna mígheanmnaí seo. Dá bhrí sin char thit a caor ariamh ar na teampaill. Sháraigh sin a bhfaca mé ariamh de bhacanna tintrí. D'fhág sé an t-uisce coisricthe, créafóg Ghartáin agus na crosóga Bríde iontach tútach agus dúr.

Bhí muid in abhantrach an Dudh Kosi go fóill. Bhí leabaidh na habhann thíos fúinn i bhfothair dhomhain, titim de 1,000 méadar, dá mbeadh sé de mhí-ádh ort sciorradh den chosán sleamhain. Stop muid le bolgam tae a ól ar an airdeacht, áit a raibh lóistín tógtha in aice le balla *mani*. Ba seo an mhaidin ab fhuaire go fóill agus b'iontach an bíogadh a chuir an tae te ionam. Go minic cha bhíonn sa tae ach scileagailí, gan ann ach go mbíonn liathadh déanta ar an uisce. Ach inniu fuair mé cupán den chineál tae is ansa liom. Bhí sé chomh láidir sin go dtiocfadh leat siúl air.

Thug an steall chaiféine sin fuinneamh mire dúinn agus muid ag brostú i dtreo Puiyan. Bhí léim sa ghaoth fosta. Bhí sí inár n-aghaidh ar feadh tamaill. Ansin bhí sí sa tóin againn. Gaoth ghéar pholltach. Bhí sí ag teacht chugainn ó na beanna sneachta inár dtimpeall. Cé go raibh teas maith éadaigh ar an triúr againn bhí goimh na gaoithe ábalta an cnámh a aimsiú le snáthaidí siocáin. Shroich muid Puiyan gan mhoill i ndiaidh an mheán lae agus bhí lón againn sa Beehive Lodge. Bhí aghaidh an tí glébhuí agus gleoite le bláth na ngleorán, an cineál céanna *nasturtium* a chuireann buíocht fhómhair i mo ghairdín beag sa bhaile. Bhí siad ag craobhú suas taobh an tí chomh huaibhreach le fás eidhneáin. Tá dhá eitleán adhmaid anseo fosta, ceann acu crochta os cionn phóirse an tí, an ceann eile ina shuí ar sconsa an chlóis. Bhí an maisiú bláthach agus an t-ornáideachas adhmaid seo ag cur go mór le tarraingteacht na háite.

Ó Puiyan ar aghaidh bhí cuid mhór den tsiúlóid ag dul i gcoinne an tsléibhe. Ó dhroim rite amháin chonaic muid Lukla i bhfad uainn ag lonrú ar learg shléibhe. Beidh muid ansin amárach. Tá Surkhe suite ar chraobhabhainn de chuid an Dudh Kosi. Mar is gnáth, Ang Wong Chuu a roghnaigh an lóistín. Tá taithí na mblianta aige ar an tsiúl seo agus eolas beacht dá réir sin ar cháilíochtaí nó easpa cháilíochtaí na dtithe aíochta seo ar fad. Cha dtéann sé chuig a leithéid seo de lóistín mar go mbíonn an éide leapa lán dearnaidí nó chuig a leithéid siúd de lóistín mar go mbíonn bean an tí ag broimnigh i gcónaí agus í ag cócaireacht. Ní bhíonn an bia chun a shástachta anseo nó glaineacht na háite mar ba mhian leis ansiúd. De thairbhe a chuid cigireachta bíonn muid ag fanacht sna lóistíní is sócúlaí, is glaine agus is fearr bia.

Bhí baicle d'fhir óga súgacha ag fanacht thar oíche fosta. Giollaí iompair, ar a mbealach go Junbesi, cnoc éadaigh le gach fear acu fá choinne mhargadh an tSathairn. Bhí fear bunaosta ina mbun. Ba eisean croí na cuideachta. Bhí an chuma air go raibh réiteach gach scéil aige agus sárú gach faidhbe agus é ina shuí ansin ina shaoi ar eagna, a shúil mheidhreach ar a lucht éisteachta. Ba eisean an seanchaí. Bhí an teanga strainséartha agam. Labhair sé i Sherpais ach le leid anseo agus le leathfhocal ansiúd ó Ang Wong Chuu bhí mé ábalta ciall éigin a bhaint as a chuid cainte. Cé go raibh sé féin anonn i mblianta bhí a ghuth lúth agus óigeanta agus a aghaidh ar tí briseadh amach i ngáire i gcónaí. I ndáiríre, ba mhó de phortaireacht bhéil a bhí i dtuin a chuid cainte ná a dhath eile.

Is cosúil go raibh cailín de chuid na cisteanadh ag caitheamh na mbróg i ndiaidh duine de na giollaí óga a bhí i láthair. Ach cha raibh seisean ag léiriú spéis ar bith inti. Bhí sé ina shuí i gcoirnéal, cuma chúthalach, shaonta air, a cheann álainn gruaige, dúfholtach agus tiubh, slíoctha siar aige ó chlár a éadain. Cha raibh iontas ar bith di a bheith ina dhiaidh. Bhí sé iontach gnaíúil. Cé nach raibh sé ró-ard, bhí déanamh maith fir air. Bhí sé láidir sna slinneáin agus tréan faoin ucht. D'aithneofá go raibh neart ina chorp fuinte, fáiscthe. Bhí sí féin amach agus isteach ag riar ar na buachaillí, ag coinneáil a gcuid plátaí faoi mhaoil ríse agus *dhal* go raibh a ngoile lán. Cailín beag croíúil a bhí inti, aghaidh chruinn, thromghnéitheach uirthi. Cha raibh sí sciamhach ar dhóigh ar bith ach bhí sí lách agus anamúil. Chan féirín a bheadh aige inti ach bean fhiúntach a rachadh i bhfónamh dó.

Bhí na buachaillí á ghríosadh le gabháil léi agus bhí cailíní na cisteanadh ag gealladh dó nach gcuirfí lámh lena chosc dá dtabharfadh sé chun na coille í. Bhí sí féin amach agus isteach go soineanta ag iarraidh gabháil i gcion air lena meallacht mná. Ach cha raibh cuma ar bith air go raibh cluain na mban ag gabháil é a mhealladh go fóill, ar scor ar bith. Shuigh sé ansin go socair, a phláta *dhal bhat* ar a ghlúine aige agus é ag cruinniú an bhidh suas ina scaobóga súmhara lena chrága is á shacadh siar ina chraos go hocrach.

Bhí an chuideachta ag baint suilt as an chluiche cúirtéireachta seo. Ansin thosaigh an seanchaí a insint scéal dóibh faoi chailín óg a raibh nóisean bocht aici do bhuachaill sa chomharsanacht. Bhí seisean cineál fiáin ina chuid dóigheanna agus cha dtiocfadh léi é a chloí ná a mhealladh. Chuaigh sí chuig cailleach feasa le comhairle a fháil agus b'fhéidir ortha seirce a fháil uaithi a dhéanfadh an t-óganach fiáin a cheansú. Dúirt an chailleach dhraíochta léi go gcaithfeadh sí gabháil suas an sliabh agus cúpla ribe fionnaidh a phiocadh amach as soc leoin fhíochmhair a bhí ina chónaí in uaimh ar an tsliabh. Dhéanfadh an chailleach ortha seirce ansin a mheallfadh an buachaill. Lá arna mhárach chuaigh an cailín óg suas an sliabh ar lorg an leoin. Cha raibh sí leath bealaigh suas gur tháinig an leon ina treo, é fíochmhar agus feargach. B'éigean di teitheadh chomh tiubh géar agus a bhí ina cnámha. Ach níor chaill sí a huchtach. An lá ina dhiaidh sin thug sí stiall feola léi mar bhaoite. Thairg sí an fheoil don ainmhí fiáin. Lean sí den ealaín seo ar feadh bliana go dtí sa deireadh go raibh an leon ag ithe amach as a lámh. Chuaigh sé chomh mór sin i dtaithí uirthi nach raibh naimhdeas nó dainséar ar bith ag baint leis níos mó. Lá amháin agus an leon ina shuí lena taobh, a cheann ar a glúine agus é ag cogaint na feola, tharraing sí ribe fionnaidh as a phus agus ansin ceann eile agus ceann eile. Níor baineadh míog ná bíog as an leon. Nuair a bhí an fionnadh faighte aici, anuas an sliabh léi ar chosa in airde agus thug a haghaidh láithreach bonn ar theach na caillí.

'Seo cúpla ribe fionnaidh as soc an leoin,' arsa sise leis an chailleach feasa. 'Anois déan ortha domh a mheallfas an fear óg.'

Sciob an chailleach na ribí fionnaidh as lámh na mná óige agus chaith sí an t-iomlán isteach sa tine go fuarchúiseach.

'Cad chuige a ndearna tú sin?' arsa an bhean óg agus fearg uirthi. 'I ndiaidh an tsaothair a chuir mé orm féin le bliain anuas ag iarraidh peata a dhéanamh den leon!'

Rinne an chailleach gáire mór croíúil agus arsa sise, 'D'éirigh leat leon fiáin an tsléibhe a shuaimhniú agus a cheansú. D'éirigh leat ribí fionnaidh a tharraingt amach as a shoc. Agus tá tú ag lorg ortha seirce le buachaill óg a shárú. Imigh leat, a chroí. An té a smachtaigh leon ní bheidh deacracht ar bith aici buachaill óg fiáin a thabhairt chun míneadais agus máistreacht a fháil air.'

Ba é Ang Wong Chuu an fear teanga. Thug sé éirim an scéil domh de réir mar a bhí sé ag teacht ó bhéal an tseanchaí. De bharr go bhfuil mise fiosrach tá seisean ag éirí an-oilte ar an aistriúchán comhuaineach. Nuair a bhí an seanchaí críochnaithe, lig an comhluadar liú molta astu lena meas ar an scéal a léiriú. Ansin mhéadaigh ar na hiarrachtaí an péire óg a thabhairt i gceann a chéile. Ba léir go raibh an cailín i bhfách go mór le dul leis láithreach ach cha raibh freagra ar bith uaidhsean. De réir mar a ghrinnigh mé gnúis álainn an stócaigh chonacthas domh go raibh sé i bpian. Ar ball thosaigh an chuideachta, Ang Wong Chuu agus Pemba ina measc, ar chluiche callánach cártaí agus thug mé an stócach faoi deara ag sleamhnú suas an staighre. Bhí sé in am luí domhsa fosta agus lean mé suas é. Bhí sé sa tseomra in aice liom, é ina shuí ar an leabaidh, coinneal lasta lena thaobh, cuma chráite air. Bhí iontas air mé a fheiceáil sa tseomra ach thug sé comhartha beag cuideachtúil domh suí síos lena thaobh.

'*Do you have a girlfriend?*' arsa mise leis, iontas orm go raibh an fireannach fir ann ag diúltú don bhean óg a bhí ar bís le teannadh leis.

'*No girlfriend,*' arsa seisean, tocht ina ghlór.

Shuigh muid ansin inár dtost, an choinneal ag spréachadh san fhuinneog. Bhraith mé go raibh rud éigin ag déanamh buartha dó. Ina am féin labharfadh sé dá mba mhian leis é. Bhí cnead chaointe ann nuair a labhair sé.

'*Me big problem, sir.*'

Cha raibh sé ábalta cúl a choinneáil ar na deora níos mó. Chaoin sé go truacánta, a cheann ina lúb aige. Nuair a leag mé mo lámh ar a ghualainn bhí creathán ag gabháil tríd. Nuair a bhí a racht ligthe aige dhírigh sé é féin suas go pianmhar.

'*Big problem, sir, here.*'

Bhí a lámh aige ar a ghabhal. Shiúil sé trasna an urláir agus rinne sé doras an tseomra a sparradh. Ina sheasamh os mo chomhair, scaoil sé an bheilt leathair a bhí teannta faoina chom. Thit a bhríste, a bhí rómhór dó, ag a chosa. Shleamhnaigh sé a fhobhríste tromallasach anuas thar a ghlúine. Bhí sé ina sheasamh romham ina chraiceann. *'See,'* arsa seisean. Baineadh siar asam. Bhí ceann dá chuid magairlí chomh mór le balún bogshéidte. Bhí an t-at ag borradh sa cheann eile. Chan fhaca mé ariamh a leithéid de mhagairlí míchumtha.

'Me always pain,' arsa seisean, ag amharc síos go truamhéalach ar na baill bheatha a bhí á chrá. Bliain ó shin a thosaigh an galar séidte seo ina mhagairlí, a dúirt sé, ach cha raibh airgead ar bith aige le cóir leighis a lorg. Ina theannta sin bhí náire air a chás cigilteach a nochtadh d'aon duine ar eagla go rachfaí a mhagadh faoi.

'Why big, sir?'

Níl a fhios agam cad é ba chúis leis an bhorradh mhíofar seo ina mhagairlí ach bhí a fhios agam nach a dhath maith a bhí ann. Tá súil agam le Dia nach ailse a bhí air. Ní raibh mé ábalta é a dhéanamh a dhath ní b'eolaí ach rinne mé mo dhícheall uchtach a thabhairt dó. Nuair a bhí a chuid éadaigh arís air thug mé measarthacht airgid dó agus d'agair mé air gabháil go Kathmandu láithreach le doctúir a fheiceáil.

'No hard now, sir. No girl like.'

Bhí sé ag insint domh ina dhóigh shoineanta féin, cuma bheag fhaiteach air, nach mbíonn seasamh ar bith anois ina bhod. Cha raibh sé le bean ariamh agus b'fhéidir nach mbeadh go brách mura mbeadh leigheas le fáil ar a thrioblóid, arsa seisean, go cumhúil. Phóg sé mo leiceann agus mé á fhágáil. Char chodail mé go ceann fada go leor ach mé ag smaoineamh ar chruachás an fhir óig seo. Tá súil le Dia agam go dtabharfar cúram ceart dochtúra dó.

Ón trí a chlog ar aghaidh bhí an oíche lán de ghleo cainte, de chlagairt cos, de bhúireach agus de sheitreach. Bhí an cosán cúng taobh amuigh de m'fhuinneog ina mhórbhealach tráchta. Mangairí agus giollaí iompair ar a mbealach suas go Namche nó síos go Junbesi fá choinne mhargadh an tSathairn. D'amharc mé amach i dtrátha an ceathair agus bhí mórshiúl ag ardú na malacha os cionn an lóistín, a gcuid soilse ag luascadh sa dorchadas.

Lukla! Seo i ndáiríre an áit a dtosaíonn an treic go hEverest. Seachas siúl aníos ó Jiri, rud a chuirfeadh seachtain bhreise leis an treic, tig bunús na dturasóirí chun an Khumbu isteach ar eitleáin ó Kathmandu go Lukla, eitilt daichead nóiméad ar a mhéad. Níl Namche ach dhá lá siúil ó Lukla. Bhí Twin Otter de chuid Yeti Air ag teacht go talamh agus muid ag siúl ar chiumhais an aerstráice, ar ár mbealach go lár an bhaile. Níl sé éasca eitleán a thabhairt go talamh anseo. Tá an stráice tuirlingthe tógtha ar fhiar an tsléibhe, fána chrochta leis i dtreo na haille. Bíonn ar an phíolóta an sliabh a chur de ar dtús, ansin tumadh tobann a dhéanamh sa ghleann sa dóigh go mbeidh sé ábalta teacht ar an stráice ó na hísleáin agus tuirlingt in aghaidh na malacha. Tá an chastaíocht seo i dtaca le heitilt de i bhfad níos deacra agus níos dainséaraí ná tuirlingt dhíreach a dhéanamh ar chothrom na talún. Ón smionagar atá scaipthe anseo agus ansiúd síos an gleann is léir nach raibh an t-ádh le gach eitleán.

Tógadh aerstráice anseo sa bhliain 1964 le hábhar tógála a thabhairt isteach ó Kathmandu fá choinne na dtionscnamh éagsúil tógála a thosaigh An tIontaobhas Himiléitheach faoi stiúir Edmund Hillary. An bhliain sin tógadh scoil thíos in Junbesi, ceann anseo in Chaurikharka i gcomharsanacht Lukla agus ceann eile taobh thuas de Namche. Char shamhlaigh Hillary agus a chairde ag an am sin go mbeadh na sluaite ag teacht anseo níos faide anonn le spléachadh a fháil ar Everest. I 1964 níor thug ach fiche turasóir cuairt ar cheantar an Khumbu. Bhí orthu siúl fad an bhealaigh, chóir a bheith, ó Kathmandu agus ghlac sé coicís orthu Namche a bhaint amach. Ach ón uair sin i leith tá líon na dturasóirí ag gabháil i méid agus in ollmhéid. I gcaitheamh na nóchaidí is dócha gur thug 10,000 duine cuairt ar an dúiche in aghaidh na bliana. Dá mbeadh breith ar a aiféala aige, a deir Hillary é féin, ní bheadh aerstráice tógtha anseo i mbéal an Khumbu. Cuireann sé an milleán air féin gurbh é a mheall na drongbhuíonta treiceála seo chun na dúiche. Eisean lena éacht sléibhteoireachta ar an 29 Bealtaine 1953 a chuir an Khumbu i mbéal an tsaoil. Is beag pribhléid nó príobháideachas atá ag Máthairdhia an Domhain ó shin ach iad suas agus anuas a corp gléigeal sneachta, á maslú, á truailliú agus á sárú.

Tá Hillary den bharúil go ndearna an plódú turasóireachta a tháinig de bharr an aerstráice díobháil do dhúlra na háite agus dochar do na daoine agus dá ndúchas. Is cinnte gur chuir an treiceáil le hídiú na gcoillte. Theastaigh adhmad saoirseachta ina mhollta móra míréasúnta leis na lóistíní ar fad atá feicthe agam le seachtain a thógáil. Ina theannta sin is dócha go bhfuil cuid de na daoine seo somheallta ag saol an iarthair, go bhfuil siad ag iarraidh aithris a dhéanamh ar bhéasa beatha atá coimhthíoch dá ndúchas agus dá gcultúr. Chan anseo amháin atá an meon múnlaithe sin . . . Chan anseo amháin atá an *westoxication* agus an *cocacolonization* imithe i bhfeidhm ar dhaoine. Tá sé curtha ina luí ar dhaoine gach áit i ndomhan na mbocht go bhfuil sé d'iachall orthu a bheith iartharach ina ndóigh agus ina ndearcadh.

Bhí héileacaptar ag ullmhú le héirí. Sheas muid ansin ag breathnú ar rothlú tormánach an chrainn thiomána ag déanamh gaoithe. Shamhlófá gur séideán sí a bhí os do chomhair amach. Bhí an dusta ag teacht thart ar nós bíse san iomghaoth ingearach seo. Nuair a d'éirigh sé ón talamh b'éigean dúinn gabháil faoi scáth leis an scamall dubh deannaigh a séideadh inár dtreo a sheachaint.

Bhí trácht trom daonna ar an chosán agus muid ag fágáil Lukla. Turasóirí a tháinig isteach inniu agus a bhí anois ar a mbealach ó thuaidh. Iad ag dul i dtaithí ar thanaíocht an aeir anseo. Casadh orainn iad ina mbuíonta, a gcuid giollaí ina ndiaidh, iadsan crom faoi ualach beannach a gcléibh. Sirdar, ceann feadhna na buíne ina mbun. Grúpaí campála atá iontu seo. Bhí a gcuid riachtanas, a gcuid bidh, a gcuid puball, a gcuid ceirisín cócaireachta, ar dhroim na ngiollaí. Ní bhíonn d'iachall orthu féin a dhath a iompar ach a bpaca beag pearsanta. Tá turasóirí eile ann a iompraíonn a gcuid málaí droma féin agus a mheasann gur gníomh éagóra é na giollaí seo a fhostú agus a lódáil mar a bheadh beithígh ualaigh ann.

Casadh fear acu seo orm in Chablung. Beilgeach ard, cnámhach, fuadar millteanach siúil faoi. Cha dtiocfadh leis bunchampa Everest a bhaint amach tapa go leor, a dúirt sé. Bhí mé i mo shuí ag tábla taobh amuigh, ag baint taitnimh as an teas agus as an amharc sléibhe i mo thimpeall. Amhail éan neide bhí *gompa* beag neadaithe go cluthar, thuas ar learg ghréine an chnoic os mo chomhair, a chuid bratacha urnaí ag cleitearnaigh sa bhog-ghaoth. Sa chlós bhí buachaill beag, ceithre nó cúig bliana d'aois ag imirt go hanamúil le liathróid pháipéir. Bhí an páipéar cuachta suas ina bhál agus é teannta, ceangailte le corda. Thabharfadh sé poc fada dó in airde san aer, ansin rithfeadh sé an méid a bhí ina chorp ag iarraidh breith air sula dtitfeadh sé go talamh. Tá na páistí anseo ábalta spórt a bhaint as an bheagán. Sa tsiúl domh go dtí seo, ní fhaca mé bréagán siopa ag páiste ar bith. Cér bith bréagáin a bhíonn acu is sa bhaile a dhéantar iad. Is minic a fheicim buachaillí ag tiomáint fonsaí ar fud na sráide, nó géagán crainn idir a gcosa acu, ag ligean orthu féin go bhfuil siad ag marcaíocht ar chapall. Is maith liom an súgradh samhlaíoch seo a bhíonn ar siúl acu.

Bhí mé i mo shuí ansin ar mo shuaimhneas nuair a chonaic mé an reangartach fionn ag déanamh orm aníos ón tsráid. Bhí scaoth chearc ar an chosán. Chuaigh sé de rúchladh tríothu, á scaipeadh soir siar, ina scuadáin scolgnacha. Shuigh sé chun boird cé nár ordaigh sé a dhath. Bhí sé ag breathnú ar na turasóirí a bhí ag gabháil tharainn, giollaí iompair leis an mhórchuid acu. Bhí sé go tréan in éadan na ndaoine seo. Shíl sé go raibh mise i m'aonar óir bhí na buachaillí istigh sa chisteanach ag comhrá le lucht an tí.

'Tá sé scannalach go gcaithfidh na fir bheaga seo an t-iompar a dhéanamh dúinne. Ba chóir go mbeadh dlí ann a chuirfeadh d'iachall ar gach duine a mhála droma féin a iompar,' arsa seisean go déanfasach. Bhí a mhála borrtha féin ina shuí ar an chathaoir go mustrach. Char mhaith liom a oiread de shásamh a thabhairt dó agus go ligfinn ar shiúl é leis an bhaothchaint seo.

'Tá an t-iompar sa dúchas ag bunadh na tíre seo,' arsa mise go húdarásach. 'Tá seanchleachtadh na gcianta acu ar an chineál seo oibre. Amharc ar an dóigh mháistriúil atá acu le lód a iompar! Lena chois sin, níl a athrach de dhóigh ag an chuid is mó acu le soláthar beag airgid a shaothrú. Tá siad ag cuardach na hoibre.'

D'amharc sé orm, cuma shearbh air. Ansin labhair sé amhail is dá mbeadh sé os cionn cinn.

'Cha dtig an daorobair seo a chosaint. Níl sé ceart ná cóir. B'fhearr do na daoine seo fanacht ar shiúl uainne ar fad. Níl muid ach á dtruailliú agus á ndaoradh.'

D'fhiafraigh mé de cén fáth ar tháinig sé anseo má bhí sé chomh cosantach sin faoin phobal seo.

'Tá mé anseo leis na sléibhte a adhradh. Tá sé de rún daingean agam gan cur isteach ná amach ar na daoine seo. Ní shílim go bhfuil an bráithreachas baclámhach a dhéanann muid leo cóir ná cothrom.'

Bhí mé ag éirí cnapánach go maith leis nuair a tháinig Ang Wong Chuu agus Pemba amach chugainn, an lón leo as an chisteanach. Sú cairéid agus *coriander*, pláta de phrátaí rósta, tae agus píóg úill. Leag siad an féasta síos os mo chomhair.

'Seo mo bheirt ghiollaí,' arsa mise go ceannasach. 'Níl teidhe dá mbuaileann mé nach ngéilleann siad dó.'

Chuir sin deireadh lenár gcomhrá.

'Ba chóir duit náire a bheith ort,' arsa seisean go drochmheasúil, an déistin le feiceáil ar a dhreach. Thug sé an cnoc air féin go díbheirgeach, a bhagáiste buí ina shuí go corrach ar learg a dhroma.

'*Very angry him,*' arsa Pemba ag amharc air ag deifriú uainn.

'*He need a little bit of tatopani treatment,*' arsa Ang Wong Chuu.

Uair an chloig a ghlac sé orainn siúl ó Chablung go Ghat. Bhí Kusum Kanguru os ár gcomhair, ina sheasamh go diaganta ag ceann an ghleanna. Dúirt Ang Wong Chuu liom go gciallaíonn an t-ainm sin 'an sliabh íon ar a gcónaíonn na trí déithe.'

'*They like paisa, not prayer,*' a deir Pemba go suáilceach. Ciallaíonn '*paisa*' airgead.

'*They have trekking agency called Good God Tours. Treks to die for!*' a deir Ang Wong Chuu go neamhaí.

Chaith muid seal in Ghat, ag déanamh ár n-anama i measc na scrínte Búdaíocha. Tá bothóga cloch anseo, bairille gleoite, sochasta i ngach ceann acu. Seo roth urnaí agus de réir an Bhúdachais bíonn grásta le tuilleamh ag an té a bhaineann casadh as. Bhain mé an oiread sin castaí as na rothaí beannaithe seo go raibh mé ag súil go bhfeicfí *halo* solais ag naomhú m'éadain. Faraor char lonraigh ar chlár m'éadain ach bruth allais.

Thuas os cionn Ghat casadh dhá *yak* stubrunta orainn sa tslí, iad lódáilte le málaí suiminte. Bhí siad ar a mbealach go Namche, a ngiolla as a mheabhair ag iarraidh iad a ghríosú agus a dhreasú, ag feadaíl orthu, ag béicíl orthu, ag caitheamh mionchloch orthu nuair a theip ar mhodhanna níos sibhialta iad a choinneáil sa tsiúl. Seo na chéad *yak*anna a casadh orm. Bhí siad cruiteach, gruagach agus giobach ina ndreach, mothall de ruball orthu. Ceann acu breacdhonn, an ceann eile liathbhuí. Bhí cóta garbh, guaireach fionnaidh ar a nguaillí agus ar a gcliatháin agus ag sileadh síos thar a gcosa ina *phetticoat* scothógach. Bhí níos mó den bhó iontu ná mar a shíl mé a bheadh ach amháin go raibh siad ní b'achrannaí ná gnáthbhó. Lena chois sin chan ag búiríl a bhíonn siad ach ag gnúsachtaigh. Gnúsachtach dhomhain, dhainséarach.

'No yak,' arsa Pemba liom. *'Is dzo!'*

Yak a thugtar ar an ainmhí fireann, *nak* ar an cheann bhaineann. Tá cros-síolrú ar siúl leis na cianta idir an *yak/nak* agus eallach eile. *Dzopkyo* agus *dzum* an toradh atá ar an mheascadh síl seo. Baintear úsáid as gnáthbhó na háite agus an tarbh Tibéadach, an *lang*, leis na croschineálacha seo a chruthú mar shampla *nak/lang* nó *yak*/bó. As an phórú seo a thig an *dzo* fireann agus an *dzum* baineann. *Yak* an t-ainm coitianta a thugtar ar na hainmhithe crosphóraithe seo.

Bíonn an fíor*yak* i mbaol báis faoi 10,000 troigh. Níl acmhainn ar bith aige ar na hísleáin. Beathaíonn siad ar an airde os cionn Namche. Tig leis na cinn atá cros-síolraithe feidhmiú chomh fada anuas le Lukla áfach. Tá an *yak* ábalta aeráid dhian na n-ardchríoch a sheasamh mar go mbíonn craiceann righin, crua air agus cóta trom fionnaidh. Ós rud é nach mbíonn ach fíorbheagán faireog allais i gcraiceann an *yak* ní chailleann sé an oiread allais le heallach eile. Caomhnaíonn seo teocht na colainne. Ina theannta sin bíonn níos mó de chealla na deargfhola i sruth fola an *yak* ná mar a bhíonn i mba eile. Dá thairbhe sin tig leis análú gan stró agus teacht i dtír ar aer tanaí an tsléibhe.

In Phakding a chaith muid an oíche. Bhí an teach lán turasóirí, triúr as an Astráil, ceathar Seapánach, duine as Ceanada, agus beirt leannán as Taiwan. Casadh iadsan orainn níos luaithe sa lá. Bhí siad ina suí ar charraig in Ghat, á ngrianú féin, *teddy bear* mór buí lena dtaobh. Cha rachadh sise áit ar bith, a dúirt sí, gan Oscar, a béirín bréige a bheith léi. Bhí sé aici ó bhí sí ocht mbliana d'aois, sin ceithre bliana déag ó shin. Thug sí póg mhór rábach dó. D'fhiafraigh mé di an raibh éad ar an teidí ós rud é go raibh fear aici anois.

'No, he is gay.' Bhí solas na rógaireachta ag lonrú ina súil. 'He likes my friend.' Bhí seisean ina shuí ansin go socair, a mhéara i bhfostú ina cuid gruaige, é ag breathnú uirthi go geanúil. 'Our teddy is a very queer teddy.' Bhí sí ag cur cigilte i mbolg an bhéirín. Chuir mé ceist orthu an dtugann siad Oscar a luí leo.

'It is not possible. Oscar would make improper advances to my boyfriend.' Labhair sí i gcogar rúin, a lámha aici ar chluasa Oscar.

Bhí an buachaill ina bhainisteoir ar fheirm muc. Bhí sí féin i ndiaidh céim sa pholaitíocht a chríochnú.

'Now we are pigging together, politically and sexually,' arsa seisean. Chuir sé a lámh faoina coim, á teannadh chuige go teaspúil.

'You swine!' arsa sise. Ba léir go raibh an bheirt acu ar mhuin na muice i gcuideachta a chéile.

Shuigh siad ag tábla ag ithe a ndinnéir, Oscar ina luí, béal faoi, ar an tábla, a thóin san aer.

Don dinnéar d'ordaigh mé pláta de phrátaí bruite agus leadhb cháise. Bhí blas láidir ar an cháis agus boladh géar aisti. Bhí treoraí na Seapánach ina shuí le mo thaobh agus mé ag ithe. Bunfhear beag pléisiúrtha ina chuid daichidí. Bhí Béarla ar a thoil aige. Bhí sé ag insint domh go raibh sé de ghnás ag Sherpaí nuair a bhíodh siad ag taisteal ar thraein phlódaithe san India, píosa cáise a raibh boladh bréan na haoise aisti a thabhairt leo le múisc a chur ar na paisinéirí eile. Bhíodh boladh chomh lofa, samhnasach sin astu go bhfágfadh daoine a gcuid suíochán le héalú uathu. Nuair a bhíodh áit suí aimsithe acu chaithfeadh siad an cháis thocsaineach amach ar an fhuinneog.

Yak cheese a ghlaonn lucht treiceála ar an tsaghas cáise a bhí á ithe agam. Bhí sé ag míniú domh nach bhfuil a leithéid de rud ann de bhrí gur ainmhí fireann é an yak.

'If that is yak cheese, you are eating bullshit, sir, because yak has no milk.' As bainne an *nak* nó as bainne an *dzum*, a dúirt sé, a dhéantar an cháis. Bhí an oiread sin ocrais orm anocht, arsa mise leis, go n-íosfainn cac spréite agus féasóg air. Bhain sin gáire as. Níl a fhios agam cén fáth an t-ocras seo anocht, murab é an meáchan atá caillte agam le seachtain anuas é. Tá an tsaill mhuice sin a bhí do mo ramhrú beagnach imithe díom anois. B'fhéidir gur bhain an tanú tobann sin siar as an chorp. Cineál éigin d'iardhearcadh ar dhíth bidh, a ghoill ar na *genes*. B'fhéidir go bhfuil an Gorta Mór liom i gcónaí i mo chuid *genes*. Ar scor ar bith, rinne mé craos ar na prátaí agus ar an cháis anocht.

Bhí mé ag insint don Sherpa faoin tubaiste uafásach a tharla i mo thír féin i lár an 19ú haois nuair a tháinig an aicíd dhubh ar na prátaí. I dtrátha an ama sin, arsa seisean, a tháinig an chéad phráta chun an Khumbu. Níltear cinnte cé acu as Kathmandu nó as Darjeeling a tháinig an pór ach d'éirigh thar barr leis ón tús. De réir cosúlachta bhí créafóg an Khumbu chun a shástachta agus tháinig sé chun cinn go flúirseach. Bhí tabhairt mhaith sa phráta, rud a d'fhág rathúnas bidh ag bunadh an Khumbu. D'ardaigh an práta caighdeán maireachtála na ndaoine anseo sa tseansaol, arsa seisean. Chan ionann agus ceantair eile sléibhe i Neipeal, ar nós Dolpo agus Mustang, ar grán agus glasraí bia buan na ndaoine, anseo is é an práta bun agus barr gach béile. Ó Namche suas, a dúirt sé, tá nócha faoin gcéad den talamh curaíochta faoi phrátaí. Glasraí, ruán agus eorna a chuirtear sa chuid eile. Sular tháinig an práta chucu, chleacht teaghlaigh an Khumbu an tréadaíocht níos mó ná an churaíocht. Le teacht an phráta, arsa seisean, shaothraigh siad an talamh. Choinnigh an práta an t-ocras ón doras. Bhí muinín ag a bhunadh as i dtólamh. Neartaigh sé an pobal, arsa seisean, nuair a bhí siad ar an ghannchuid.

Riki seru – an práta buí – a tugadh ar an phráta bhuíchraicneach, leathfhada, pas beag uisciúil a bhí á ithe agam, a dúirt sé. Thart ar 1976 a tháinig an pór seo chun an Khumbu ar dtús agus bhí bláth agus fás chomh maith sin air gurb é príomhphráta na háite anois é.

⁕⁕⁕⁕⁕⁕⁕

Bhí Phakding fuarsceirdiúil go maith ar maidin agus muid ag gabháil i gceann bóthair. Bhí cnap scamall sa spéir agus goimh nimhe sa ghaoth. Bhí na lóistéirí eile ar a gcosa ó mhoiche maidine agus ar shiúl sular chorraigh mise as mo leabaidh. Sa bhaile is fearr liom i bhfad suí fada na hoíche ná éirí luath na maidine. Chan mochóirí a bhí ionam ariamh. Anseo bíonn a gcéad chodladh déanta ag daoine roimh an mheán oíche. Ansin bíonn siad ar a mbonnaí le teacht an lae.

I gcaitheamh an lae bhí muid ag siúl in abhantrach an Dudh Kosi, muid anonn agus anall ar dhroichid cháblacha miotail. Amanna amuigh ar an réiteach pholl gaoth nimhneach na mbeann muid. Amanna istigh i gcoillte giúise chonáil an t-aer tais muid. Bhí an bealach gnoitheach go maith, turasóirí, giollaí iompair, ainmhithe ualaigh. Nuair a théadh traein ghrúscánach de chuid na *dzo* ag guagadh tharainn, chuireadh sí dusta agus stúr san aer ionas go mbíodh muid plúchta le gairbhéal mín, tirim na gcosán. Faoin am ar shroich muid Chumoa bhí cársán ionainn leis an méid deannaigh a bhí slogtha againn.

Ghlac muid sos nóna i lóistín a bhí á reáchtáil ag bean mhuinteartha de chuid Ang Wong Chuu. Ó cailleadh a fear céile bhí cúram tí agus clainne uirthi. Bhí an chuma uirthi go raibh déanamh gnoithe inti. Í treallúsach ina dóigh agus tréan le rá aici. Thaitin bia léi, a dúirt sí, agus rinne sí cinnte de go raibh trí bhéile bhlasta aici gach lá.

'Chan é an t-itheachán a ní duine bocht de dhuine ach an fhalsacht,' arsa sise agus í ag giollaíocht na bpotaí éagsúla a bhí ag bruith ar an tine fá choinne an lóin. Bhí cúig cloigne déag i láthair ag fanacht ar a gcuid bidh agus char bhain sé biongadh aisti freastal ar an tslua sin. Cha raibh uirthi ach lúcháir a bheith ag obair agus luach saothair a bheith aici as. Inniu bhí na pingineacha ar a gcorr aici agus iad ag rolláil ina treo. Thug Ang Wong Chuu lámh chúnta di agus eatarthu beirt bhí an bia curtha ar bord acu taobh istigh de dheich mbomaite gan fústar ná mustar.

Trasna na sráide ón lóistín, istigh i bpaiste de thalamh garbh, bhí an Hatago Lodge suite. Ar feadh na mblianta ba seo an lóistín ab fhearr agus ba mhó le rá idir Jiri agus Namche. An tUasal Hagayuki as an tSeapáin a bhunaigh é thart ar 1975. Ina thír dhúchais bhí sé ag obair leis an tseirbhís foraoise. Nuair a d'éirigh sé as an obair sin cha raibh bean, bó nó bothóg aige lena choinneáil sa bhaile. Tháinig sé go Neipeal le cónaí a dhéanamh sa tsliabh. Shocraigh sé síos in Chomoa agus thosaigh sé a chur lóistín ar fáil i gcábán adhmaid. Bhí an garraí ab áille dá bhfacthas sna Himiléithe aige, crainn úill, péitseoga agus piorraí ag fás ann mar aon le glasraí de gach cineál. Bhí lámh thar an ghnáth aige ar gharraíodóireacht agus ar nódú na gcrann. Bhláthaigh a raibh ina thimpeall. Bhí sé i mbun a ghnó óstaíochta anseo ar feadh dhá bhliain déag nó mar sin go dtí gur díbríodh é i ndeireadh na nóchaidí as a bheith ag cur faoi go mídhleathach sa tír. Cha raibh cead fanachta go fadtéarmach ariamh aige faraor.

Nuair a tháinig Bruce Chatwin an treo seo in earrach na bliana 1983, stop sé anseo agus bhí tae na maidine aige sa Hatago. Dar le Chatwin ag an am gur amach as leabhair thaistil de chuid Basho a shiúil an Seapánach fáin seo lena mheigeall ribeach. Chuaigh mé féin agus Pemba anonn leis an áit a fheiceáil. Anois, tá amuigh agus istigh bánaithe, an teach imithe chun raice, an garraí lom agus dearóil. Chuir an chuma thréigthe a bhí ar an áit cumha orm. Níl a fhios agam an beo nó marbh an tUasal Hagayuki ach is beag rian dá shaothar thar na blianta atá fágtha anseo. Iomairí bána anseo is ansiúd agus corrchrann a bhfuil cuma na faillí orthu, sin a bhfuil fágtha dá gharraí. Tá a ainm luaite thall agus abhus i dtreoirleabhair threiceála de chuid na n-ochtóidí agus na nóchaidí ach de réir mar a théann siad sin as cló rachaidh a ainm as cuimhne fosta. D'fhág mé an Hatago agus tocht orm. Tá an sean-Seapánach fáin seo ag fabhrú i m'aigne. Tá sé ag lorg buanchónaí i mo dhán.

Ó Chomoa, ar aghaidh linn, trí choillte, trasna aibhneacha, síos lagraigh, suas malaidh, gan stad, gan fuarú gur shroich muid Monjo. Áit éigin dhearc mé bean ag tochailt i bpoll prátaí, a dhá ceann i dtalamh. Chuaigh scuaine de mhiúileanna ligthe, cosdaingne, tharainn ar sodar, giolla cinn leo ar a dtosach agus fear tiomána ag teacht ina ndiaidh. Casadh buachaill beag orainn agus luchóg leis i bpota suibhe. Peata a bhí inti, a dúirt sé. Nuair a thóg sé amach as an phota í, d'fhan sí ina suí i gcroí a bhoise. Chan fhaca mé a leithéid ariamh, luchóg bheag agus í ceansaithe. Cha ligfeadh sé d'aon duine againn méar a leagan uirthi. Bhí orainn seasamh gan chorraí asainn nuair a bhí sí amuigh aige. Bogadh ar bith, a dúirt sé, agus d'imeodh sí suas a mhuinchille.

Trí Monjo linn agus isteach i bPáirc Náisiúnta Sagarmatha. Ar ár slí isteach bhí ormsa mo cheadúnas a thaispeáint do na maoir le cinntiú gur dhíol mé an táille iontrála in Kathmandu. Bunaíodh an pháirc náisiúnta seo i dtús na n-ochtóidí leis na coillte dúchais a chosaint agus an timpeallacht a chaomhnú. Rinneadh slad millteanach ar choillte an Khumbu sna caogaidí agus sna seascaidí. Nuair a thigeadh dreapadóirí ar feacht sléibhe an uair úd bhíodh giollaí leo ina sluaite. De réir na dtuairiscí atá léite agam bhí 163 giolla ag feidhmiú d'fhoireann sléibhe na hEilbhéise a thug faoi Everest a dhreapú sa bhliain 1952. Bhí 450 giolla in éineacht le lucht na Breataine sa bhliain 1953 nuair a bhain Hillary agus Tensing Sherpa barr Everest amach. Bhí complacht de 900 giolla leis na Meiriceánaigh nuair a thug siadsan faoi

Everest sa bhliain 1963. Cha raibh fealsúnacht ghlas ar bith ag na feachtais sléibhteoireachta seo. Ghearr siad agus dhóigh siad rompu agus ina ndiaidh. Rinneadh tuilleadh díobhála do na coillte i ndeireadh na gcaogaidí nuair a tháinig na mílte de mhuintir na Tibéide trasna an tsléibhe go Namche ag lorg dídine ó na Sínigh a bhí i ndiaidh seilbh a ghlacadh ar a dtír. Bhí níos mó ábhair tine ná ariamh ag teastáil le teas a choinneáil leis na dídeanaithe bochta seo a bhí tar éis plódú isteach chun an Khumbu. Tá an chreach a rinneadh ar na crainn le feiceáil go forleathan. Thart ar Monjo tá na cnoic chomh lombhearrtha le cloigeann manaigh.

Ní cheadaítear crann ná craobh a ghearradh anois fá choinne ábhar tine nó ábhar tógála. Caithfidh lucht campála a gcuid ceirisín cócaireachta a bheith leo. Tá athphlandáil crann ar siúl in áiteanna a bhí bán leis na blianta.

Bhí screamh scamaill ar aghaidh na gréine i gcaitheamh na maidine ach i dtrátha an mheán lae nocht sí chugainn i dtobainne, a gnúis solasta agus sonasmhar. Lig muid ár scíth in Jorsale, *boulevard* gréine os cionn an Dudh Kosi. Faoin am seo bhí biseach maith ar an lá. Agus muid inár suí ag tábla ar leac na sráide, chuaigh colún scothfhada de *yak*anna tharainn, ag fágáil leacacha na sráide bréan lena gcuid aoiligh. Láithreach, bhí seanbhean amuigh á shluaistriú isteach i mbascáid bambú lena spréadh ar an talamh. Bhí boladh trom caca ag teacht chugainn ar an ghaoth ó na carnáin aoiligh a bhí scaipthe sna cuibhrinn thart ar Jorsale. Leas na mbeithíoch agus an leas daonna measctha le chéile ina *muesli* torthúil.

Achar gearr ó Jorsale, casadh reangartach fionn na Beilge orainn, é ina shuí cois na habhann, cuma thnáite air. Labhair mé leis ach cha dtug sé freagra ar bith orm. Shuigh sé ansin agus stuaic air chomh dorrga, dorcha leis an chreag liath a bhí faoina thóin. Gan mhoill ina dhiaidh sin thrasnaigh muid an droichead is airde dá bhfaca mé ariamh. Shamhlófá go raibh sé crochta ar ucht an aeir. Agus mé ag trasnú an droichid seo faoi dhealramh na gréine tháinig focail an tseanamhráin Mheiriceánaigh 'That Lucky Old Sun' chun mo chuimhne.

Show me that river
Take me across
Wash all my troubles away
Like that lucky old sun
Give me nothing to do
But roll around Heaven all day.

Mar bhratacha urnaí bhí scamaill bhratógacha ag séideadh sa spéir agus muid ag ardú an tsléibhe go Namche.

❦

'I need a shot of oxygen and a goddam puff of Om if I'm to get up that holy slope,' a deir bolastar mór de Mheiriceánach gorm gearranálach liom agus mé ag deifriú thairis sa tsiúl suas an mhalaidh dheireanach go Namche.

'Keep it pure, brother,' a scairt sé i mo dhiaidh. *'You are now entering God's own neighbourhood.'*

Bhí Namche os mo chionn, bruachbhaile de chuid na bhflaitheas, má b'fhíor do mo dhuine. Ceart go leor bhí scamaill mhóra, ubhchruthacha, ag rásaíocht thart sna spéartha os a chionn. Aingle óga díomhaoine, is dócha, ag *cruise*áil ina gcuid carbad.

Shílfeá ón dóigh a bhfuil Namche suite i mbabhla an ghleanna, crot crú capaill air, gur isteach in aimfitéatar de chuid na sean-Ghréige atá tú ag siúl. Suas linn an staighre sleamhain crochta agus isteach i gceoldráma callánach na sráide. Tchím ceathrar fear ag imirt lúdó ar an tsráid, scaifte eile ina dtimpeall ag tacú leo go glórach. Anonn uathu tá Bob Dylan ag srónaíocht

'I'll Be Your Baby Tonight' ó challaire i siopa treiceála. Tá buachaill beag ag cnagaireacht ar bhloc adhmaid le tua mór. Gach áit tá mangairí ag reic a gcuid earraí os ard: cairpéid Thibéadacha, éadach treiceála, earraí cniotáilte, soithigh airgid, scrollaí, rothaí urnaí, *crampons*, cloigíní. Tá bean bhuí, bhealaithe, bhráisléadach do mo leanstan, ag iarraidh seodra turcaide agus coiréil a dhíol liom ach níl fonn margála ar bith orm. Déanaim iarracht í a chur ó dhoras go cúirtéiseach. Teipeann orm ach éiríonn le Pemba an tóir a chur uirthi láithreach leis an léasadh teanga a thug sé di. Shamhlófá gur scaoth de sheabhaic chraosacha a scaoil sé as a bhéal. Chuir gach focal dá chuid a ghob go beo inti. Theann sí a seál scothfhada glas thart uirthi féin go cosantach agus theith sí go tapa ó bhagairt Pemba.

'No good buy,' arsa seisean liom go húdarásach, lánchinnte. 'Me man you from bad woman,' a deir sé liom ansin i gcogar comhcheilge, straois ghraosta ar a ghnúis shoineanta. Is aoibhinn liom na castaí a bhaineann sé as comhréir an Bhéarla. Bhí sé le tuigbheáil ón abairt sin go ndéanfadh sé mé a chosaint ó mhná a bhí ag iarraidh buntáiste a ghlacadh orm. Lena chois sin, mura bhfuil mé meallta ar fad, tá sé ag tabhairt le tuiscint domh, idir na leideanna agus na leathfhocail gur mhaith leis gabháil a luí liom.

Tá an baile seo níos cosúla le comharsanacht rafar de chuid Kathmandu ná baile scoite amuigh in iargúltacht an tsléibhe. Tá gach áis agus saoráid acu: banc, oifig an phoist, ionad sláinteachais, clinic na ndéad, pictiúrlann, bácús Gearmánach, siopaí le gach cineál sólaistí. Tá solas leictreach i ngach teach, ag teacht ón ghineadóir atá acu thíos i dtóin an bhaile. Deir Ang Wong Chuu liom go bhfuil thart ar 100 teach cónaithe anseo.

Tá muid ag fanacht sa Base du Camp, áit a bhfuair mé seomra le cithfholcadán. Tar éis seachtaine allasaí in éadan na malacha, gan folcadh ar bith, ba mhór an sómas agus an sásamh a thug mé domh féin faoi chaise the an cheatha. Nuair a bhí mé réidh bhí mo chraiceann chomh snasta, slíomtha, sciúrtha le leathar slíobtha agus an seomra chomh teolaí le bothóg allais.

Ar ball chuaigh mé suas go dtí an seomra suí áit a raibh na buachaillí á dtéamh féin ar an tsorn. Bhí fear óg i gcóta gorm clúimh ina shuí i gcathaoir os comhair na fuinneoige, gan corraí as, amhail is dá mbeadh sé i dtámhshuan. Thug mé faoi deara go raibh leabhair ar fhealsúnacht Heidegger ar an tábla lena thaobh. I gceann tamaill chroith sé é féin suas agus rinne sé gáire beag fuarbhruite i mo threo. Nuair a d'fhiafraigh mé de cad é mar a bhí sé ghruamaigh a ghnúis.

'Éirím ar maidin', arsa seisean 'agus níl a fhios agam an beo mo bheo tráthnóna.'

'Ach nach mar sin atá an saol againn uilig?' arsa mise, go díreach ar mhaithe le comhrá a dhéanamh leis an diúlach diúltach seo. 'Sin dán an duine, nach é? An díomuaine agus an éiginnteacht?'

'Ach an mothaíonn gach duine an éiginnteacht sin?' arsa seisean go húdarásach. 'An mblaiseann siad díomuaine na beatha ina mbéal gach bomaite den lá?'

Chuir mé ceist air an mbaineann sé pléisiúr ar bith as an tsaol. D'amharc sé orm go beagmheasúil agus arsa seisean go giorraisc, 'Níl i bpléisiúr agus i bpian ach dallamullóg atá curtha ar na céadfaí. Sula dtig leat léargas níos duibheagánaí a fháil ort féin caithfidh tú a thuigbheáil nach bhfuil aon rud cinnte ach amháin an éiginnteacht. Má tá acmhainn réasúnaíochta ar bith agat mholfainn duit tú féin a thumadh san fhealsúnacht.'

Chan taom cráifeachta a bhí ar an fhear óg seo ach fiabhras na fealsúnachta agus tá sin gach uile phioc chomh holc. Char theastaigh uaimse an frídín foghla sin a bhí á iompar aige a thógáil uaidh. Bhí mé ar bhuaic bheannach an aoibhnis agus cha raibh fonn ar bith orm cluas éisteachta a thabhairt don *angst* lagspridiúil seo a bhí imithe i bhfostú ann. D'fhág mé 'sláinte agus saol' aige agus chuaigh mé féin agus na buachaillí ar chamchuairt an bhaile.

An tráth seo bliana bíonn cuma lom, dheileoir ar an tsliabh atá thart ar Namche. Bíonn an talamh donndóite ag an tsioc. Bhí fuacht sneachta ar an ghaoth a bhí ag géarú trí na sráideanna. Isteach linn chuig Hermann Helmers Bäckerei, áit a raibh *pizza*, *strudel* úll, *cappuccino* agus *doughnuts* againn. Chuir muid bolg orainn féin ag ithe.

Bhí Sherpa beag feosaí leathólta istigh fosta, ag ól caife agus *raksi*. Dúirt sé go dtugann an *raksi* is fearr radharc súl an iolair duit agus móruchtach an leoin. Ach an *raksi* a d'ól sé inniu, a dúirt sé, cha raibh sé a dhath níos fearr ná mún madaidh. Cha chuirfeadh sé meidhir i míol leapa. 'Tá cuma fhearthainne ar an tráthnóna,' arsa mise leis agus mé ag féachaint amach tríd an fhuinneog. Thall agus abhus os cionn na gcnoc bhí scamaill mhóra, bhogshéidte crochta as an spéir, gach ceann acu chomh trom le húth bó bainne.

Dúirt an Sherpa liom go mbíodh eiteoga ar na sléibhte sa tseanam agus gur eitil siad anseo agus ansiúd mar ba mhian leo. Ach theastaigh ó Indra, dia na Báistí, go mbeadh uisce ag bunadh Neipeal. Ghearr sé na heiteoga de na sléibhte agus fágadh ina seasamh iad san áit ar thit siad. Bheadh na heiteoga ina bhfoinsí báistí as sin amach, a gheall sé, agus rinne sé scamaill astu. Sin an fáth a mbíonn scamaill ina suí ar dhroim an tsléibhe, arsa an Sherpa, agus an chuma orthu gur eiteoga atá iontu. Ansin bháigh sé m'aghaidh lena gháire pléascánta, prislíneach. Ar ball chaoch an *raksi* é agus thit sé ina chnap codlata, a cheann ar an tábla.

Nuair a tháinig muid amach as tigh Hermann bhí an dorchadas ag druidim isteach agus siabadh sneachta ann. Shamhlófá gur marcshlua taibhsiúil a bhí ag teacht anuas an sliabh. Sheas mé ansin ag féachaint ar mharcaigh bhána an tsneachta ag gabháil tharainn ar eachra na gaoithe, ag fágáil an talaimh inár dtimpeall ina bhogach bán faoina gcosa. Theastaigh ó Ang Wong Chuu cuairt a thabhairt ar chairde dá chuid i gceann uachtarach an bhaile agus bhí gach uile sheans ann, a dúirt sé, go bhfanfadh sé leo thar oíche. Faoin am seo bhí an fuacht tíoránta agus d'fhill mise agus Pemba ar theolaíocht an lóistín. Ar scor ar bith, bhí an mhórchuid den bhaile faoi chónaí na hoíche agus is beag a bhí ag tarlú ar na sráideanna sneachta.

Go tobann theip ar an tsolas agus fágadh an baile sa dorchadas. Fuair Pemba greim láimhe ormsa agus threoraigh sé mé suas céimeanna crochta agus trí chabhsaí cúnga an bhaile ar ais go dtí an lóistín. Tá seanchleachtadh aigesean a bhealach a dhéanamh sa dorchadas. Tá súile cait aige i gcathair ghríobháin seo na hoíche. B'aoibhinn a bheith ag siúl lámh ar lámh leis sa dubh agus sa dall seo, piotail shiocfhuara an tsneachta ag siabadh inár dtimpeall.

Dúirt Pemba nár chodail sé ariamh ina aonar agus go mbeadh sé níos mó ar a shuaimhneas dá bhféadfadh sé an oíche a chaitheamh liomsa. Bhí cuideachta thart air i dtólamh, a dúirt sé, agus bheadh uaigneas air roimh neacha neamhshaolta na hoíche dá gcaithfeadh sé luí i seomra leis féin. Ar an bhomaite sin cha dtabharfadh a dhath níos mó sásaimh domh ná go gcaithfimis an oíche, teas ar theas, i sómas na leapa. Bhí lúcháir an domhain air nuair a thairg mé leath na leapa dó.

Cha raibh i bhfad go raibh muid ag freagairt dá chéile sa leabaidh chúng rúin úd. Nuair a d'fháisc mé mo lámha timpeall a choim lig sé osna faoisimh agus dhlúthaigh sé liom go fonnmhar.

Ar maidin agus solas lomliath an lae ag breacadh na fuinneoige mhúscail mé go tobann. Bhí Pemba ar a shleasluí le mo thaobh, aoibh an áthais ó chluas go cluas air agus a mhéara ag snámh go cigilteach thar mo bhrollach agus síos i dtreo mo bhoilg. Cha raibh náire ná ceann faoi ná aiféala ar bith air as ár gcaidreamh i gcaitheamh na hoíche. A mhalairt ar fad a bhí fíor. Bhí fonn fíochmhar air, de réir dealraimh, a mhian a shásamh arís.

Bhí tráth ann a dteastaíodh uaim seilbh a ghlacadh ar mo leannán. Theastaíodh uaim é a shrianú is a stiúradh, mo thoil a chur i gcion air, máistreacht a bheith agam ar a shaol. Chuirfinn slabhraí ar a stuaim agus snaidhm ar a shamhlaíocht ar eagla go n-éalódh sé uaim. Ní thabharfainn aon seans dó a chuid eiteog a spré ná a chuid géag a shíneadh. Dhéanfainn a shaol a chúngú i bpríosún an tsaobhghrá. Chuirfinn ceangal na gcúig gcaol ar ár gcumann ionas nach dtréigfeadh sé mé. Shíl mé gur seo an dóigh ab fhearr lena ghrá a neadú ionam, lena chumann a dhaingniú sa chruth go bhfanfadh sé dílis domh.

Easpa muiníne asam féin ba chúis leis seo ar fad. Barraíocht de mheon an mhéféineachais a bhí ag cur dhalladh dubh an mhearbhaill ar mo mheabhair. Ní thiocfaidh cumann ar bith i mbláth má bhíonn sé faoi chuing agus faoi cheangal mar seo. Ó tháinig mé chun na tíre seo braithim go bhfuil an taobh is fearr de mo nádúr ag teacht chun cinn. Braithim i bhfad níos suaimhní ionam féin, níos séimhe, níos mó i dtiúin le dúchas na ndaoine atá thart orm. Ní theastaíonn uaim teaghrán an tsealúchais a chur ar Pemba. Braithim gur cuid díom féin é, go bhfuil muid ceangailte le chéile i ngaol na gcnámh agus na gcéadfaí. Ag an am céanna, tá saol eile aige, saol an phósta lena bhean agus lena mhac. I gcás Pemba braithim go bhfuil sé ábalta aíocht a thabhairt dóibhsean agus domhsa i bhflaithiúlacht, i bhféile agus i bhfairsingeacht a ghrá. Is leor é sin domhsa.

Is cuma cá háit a mbeidh mé, cé acu anseo lena thaobh nó i bhfad uaidh i dtír i gcéin, beidh mo scáilse ag muirniú a scáilesean, m'anáil i gcomhthiúin lena anáil. Beidh seisean fós beo, tá súil agam, agus mise ag gabháil isteach sa tsaol scáthach. Beidh mé leis agus mé faoi mhalairt cló. Beidh mé ag cumhrú chuige as bláthanna na gcabhsaí, ag niamhrú chuige as réaltaí na hoíche.

Bhí muid ar ár gcosa go luath ar maidin sa chruth go bhfeicfeadh muid Everest le héirí na gréine ó chnoc ar an taobh ó thuaidh de Namche. Tháinig Ang Wong Chuu chugainn gan mhoill i ndiaidh an seacht agus bhí muid amuigh ar an tsliabh i dtrátha an hocht.

Bhí an mhaidin tirim agus crua, sneachta briosc, blaoscach ag snapadh faoinár gcosa agus muid ag siúl thar aerstráice Shyanboche. Tionscnaíodh an áis aeir seo le turasóirí a thabhairt isteach ó Kathmandu go dtí an Everest View Hotel, óstán daorluachach atá tógtha ar bharr cnoic os cionn an aerstráice. Lucht gnó as an tSeapáin a rinne infheistiú san fhiontar sna seachtóidí agus é d'aidhm acu aicme an rachmais a thabhairt anseo. Ina shuí ar bharr sléibhe ag 13,000 troigh (4,000 méadar) tá radharc as an choitiantacht aige ar mhúr bán beannach na Himiléithe. Tógadh é le bheith ina óstán só agus sómais ar dhíon an domhain ach ón tús bhí an airde ina constaic.

Thigeadh na haíonna isteach go Shyanboche ar eitleáin bheaga aon-innill ach ós rud é nach mbíodh deis ar bith acu dul i dtaithí ar an airde thigeadh tinneas an tsléibhe ar go leor acu láithreach. B'éigean cannaí ocsaigine a chur ar fáil dóibh ina gcuid seomraí leis an ghiorra anála a laghdú. Is beag éileamh a bhí ar an óstán ag an am agus is é an toradh a bhí air sin ná gur deineadh faillí agus neamart i reáchtáil na háite ionas gur thit sé chun raice. Ag deireadh na n-ochtóidí bhí anchuma an dearmaid ar an áit, a deirtear. Sna nóchaidí rinneadh tarrtháil airgid ar an óstán agus cuireadh an áit ar a bonnaí arís.

Dún íseal, nua-aoiseach, atá san Everest View Hotel, staighre cloiche ag gabháil suas go dtí an doras tosaigh. Baineann na crainn agus na toir atá curtha ina thimpeall an droch-chuma de. Tá an t-aer thart air cumhra le boladh aitil. Istigh, tá cuma fhuarspreosach ar dhreach agus *décor* na háite, gan aon rian den tsócúlacht agus den bhoige a shamhlaím le hóstán mórghradamach. D'ordaigh muid caife agus shuigh muid sa tseomra bidh ag tábla na fuinneoige ag amharc amach ar an radharc sléibhe is suaithní ar an tsaol. Bhí Ang Wong Chuu á gcur in aithne domh go bródúil amhail is dá mba bhaill mhórchlúiteacha dá theaghlach féin iad: Nuptse, Lotse, Ama Dablam, Pumori, Island Peak, Khumbi-Yla, Tawachee, Thamserku, Kusan, Cho Qyu agus os a gcionn ar fad, cnámhach, cumhachtach, taibhseach, Sagarmatha, Chomolungma, Everest, cér bith ainm is fearr leat. Cha raibh le feiceáil ach an ceann breacdhorcha, pirimidiúil, scairf de shíoda scamallach fillte faoina bhráid ach ba leor sin le deoir a bhaint asam. Bhí mé i láthair mhórphearsantacht na mbeann agus cha raibh cúl le coinneáil ar an chorraí croí a mhothaigh mé ag éirí ionam. Dá bhféadfainn sháfainn mo leabhar nótaí faoina soc lena síniú a fháil.

Thuas ansiúd ag a bharr i ríocht na spéire, i bpálás na scamall, bhí cónaí ar Miyo-Lungsangma, spéirbhean agus sprid chaomhnaithe an tsléibhe. Deir Ang Wong Chuu liom go bhfuil solas a dreacha míle uair níos taitneamhaí ná loinnir na gréine ar shliabh sneachta. Tá sí ina suí thuas ansin, arsa seisean, babhla bidh ina deasóg agus mongús ina ciotóg a bhfuil maoin an tsaoil ag sileadh as a bhéal.

Fad amhairc uainn bhí tír tharnocht na gcnoc, géagspréite faoi ghrian an gheimhridh. Ach cha raibh teas ar bith le cur sa cholainn liath, chreagach sin. Seo garbhchríocha na gcarraigeacha, fiántas sneachta. Chuir an chuma dheileoir a bhí ar dhreach na tíre fuacht orm. Thall agus abhus bhí bailte beaga curaíochta le feiceáil, a gcuid tithe cuachta i gceann a chéile go scáfar, amhail dídeanaithe amuigh i mbéal an uaignis. Ar nós na nÁrannach i ndánta Mháirtín Uí Dhireáin, b'éigean do na daoine seo cur in aghaidh na hanacra fosta, 'an chloch a chloí, is an chré chrosanta a thabhairt chun míne.' Agus is cinnte nach bhfuair siad luach saothair a gcuid oibre gan fhios dá gcnámha. Chan iontas ar bith gur ar thurasóireacht agus ar threiceáil a thig siad i dtír anois seachas ar thalmhaíocht.

Bhí Ang Wong Chuu ag díriú mo shúl i dtreo Thyangboche, a thug a ainm do *gompa* cáiliúil, i bhfad uainn suas an gleann, Ama Dablam ina cholgsheasamh ar a chúl ar nós starrfhiacaile fathaigh. Bhí cuma aoibhiúil ar an áit, grian mhodhúil na maidine ag bánaíocht leis an *gompa*, á shlíocadh go soilíosach le méara solais. Bhí Ang Wong Chuu ag insint domh gurbh é Lama Sanga Dorje a thug an Búdachas chuig bunadh an Khumbu ar dtús. D'eitil sé trasna an tsléibhe ó mhainistir Rongbuk ar thaobh na Tibéide d'Everest agus tháinig sé go talamh in Thyangboche. D'fhág sé lorg a choise i gcloch san áit ar thuirling sé. *'He made crash landing,'* arsa Pemba. Is beag de na fir naofa sin a bhfuil cumas na heitleoireachta iontu, a deir Ang Wong Chuu, atá ábalta tuirlingt go compordach. An mhórchuid acu níl máistreacht ar bith acu ar theicníc na tuirlingthe. Sin an fáth, a deir sé, a bhfágann siad a spága i gclocha agus i gcarraigeacha.

Ar an dea-uair dúinn féin bhí giúmar ar dóigh ar an mhaidin go dtí go bhfaca muid Everest. Ansin dhubhaigh an spéir go tobann, d'ísligh na scamaill agus scaip ceo dlúth ina thulcaí tréana trasna na tíre. Sa chruth nach bhfeicfeá 'do mhéar i do thóin,' mar a deireadh m'athair. D'fhill muid ar Namche.

❦

Ar ár mbealach ar ais go Namche, tchí Pemba cleite álainn i bhfostú i dtor aitil. Síneann sé chugam é. Tá sé dubh agus gorm agus lí na glaise ina drithlí tríd. Cleite as an *danphe* atá ann, a deir Ang Wong Chuu, piasún atá coitianta sa taobh seo tíre. Tá an t-éan glé, gleoite seo faoi ghradam mar gurb é éan náisiúnta Neipeal é. Nuair a thugaim *twirl* don chleite sa tsolas tig dathanna an tuar cheatha ag drithliú as. Tá scéal agam ina bhfuil trácht ann ar chleite diamhrach mar seo. Déanaim é a aithris do na buachaillí.

Fadó fadó bhí laoch ann. Fear óg ábalta a chaith a chuid ama amuigh faoin aer, beo ar chnuasach na coille agus ar bhia seilge. Tráthnóna amháin, le buíú gréine, tháinig tart air go tobann agus chrom sé síos le deoch a ól as lochán sléibhe a bhí ina shlí. Le linn dó a bheith sínte síos ar a bholg, ag ól an uisce seo a thug fliuchadh agus fuarú dó i dteas an tráthnóna, chonaic sé an scáil ab áille dár leag sé a shúil ariamh uirthi ag lonrú thíos faoi san uisce. Scáil éin a bhí ann. D'fhéach sé ar feadh tamaill fhada ar an scáil seo ag soilsiú san uisce. Má bhí an scáil chomh hálainn seo, an bhféadfaí amharc ar an éan é féin − iontas na n-iontas − gan titim i bhfanntais le haoibhneas? D'ardaigh sé a cheann go ciúin agus go cúramach go bhfeicfeadh sé an t-éan a bhí ag foluain os a chionn sa spéir. Ní raibh faic le feiceáil. I bhfaiteadh na súl bhí an t-éan imithe is ní raibh le feiceáil ach aoibh ghriandóite na spéire ag spléachadh anuas air. Bhí sé iontach buartha gur imigh an aisling seo as radharc. Shocraigh sé go rachadh sé ar thóir an éin iontaigh seo agus go n-aimseodh sé é in ainneoin na n-ainneoin.

Le scéal fada a dhéanamh gairid, rinne sé sin. Chaith sé an chuid eile dá shaol ag tóraíocht an éin, thíos agus thuas, i gcéin agus i gcóngar. Is iomaí teorainn a thrasnaigh sé, is iomaí críoch choimhthíoch a chonaic sé. Fuair sé leid anseo faoin éan, nod ansiúd. Casadh daoine air a chonaic an t-éan, daoine a chuala faoi dhaoine a chonaic é, daoine a shíl go bhfaca siad é. Sa deireadh agus é ag titim ar a bhata tháinig sé ar cheantar álainn istigh sna sléibhte. Tír an tSolais a tugadh ar an tír seo. 'Beyul' arsa Ang Wong Chuu agus Pemba as béal a chéile. Ba léir go raibh siad ag tabhairt cluas ghéar do mo scéal.

'Beyul,' arsa mise. Tír dhiamhair a bhí ceilte ar an ghnáthdhuine. Dúradh leis go raibh an t-éan éachtach seo a raibh sé ar a thóir leis na blianta ag neadú ar bharr an tsléibhe ab airde san áit. Suas leis chomh maith agus a bhí ar a chumas, ag streachailt ar a lámha agus ar a chosa, ag tarraingt ar an bharr, ar bhuaic na mistéire. Bhí sé ag éirí tuirseach, traochta. Bhí a anáil i mbarr a ghoib. Sa deireadh agus é beagnach ag an bharr, thit sé as a sheasamh. Bhí sé sna smeacharnaí deireanacha. Ag an bhomaite sin is na súile ag druidim air chuala sé cleitearnach éin os a chionn – cineál de shioscadh caoin, ceolmhar – agus thit cleite anuas as na spéartha ar a bhrollach, an cleite ab áille dár leag sé súil ariamh air. Tháinig aoibh na hóige ar ais ina aghaidh agus é ag fáil bháis . . . an cleite ag spréacharnaigh ar a bhrollach.

Lig mé orm féin go raibh an anáil a síothlú asam, go raibh laige ag teacht orm. Shleamhnaigh na cosa fúm agus fágadh sínte ar an talamh mé, maol marbh, mar dhea, an cleite ar mo bhrollach. Is cinnte gur chuir mé ceann gasta trasna orthu leis an phíosa galamaisíochta seo. Ar feadh bomaite shíl siad go bhfuair mé *stroke*. Theann siad isteach liom, imní ina gcuid cainte, Pemba ar a ghlúine ag tomhas mo chuisle. Nuair a thosaigh Ang Wong Chuu ag iarraidh athbheochan a dhéanamh orm, cha raibh sé ionam cúl a choinneáil ar an gháire níos mó. Nuair a tuigeadh dóibh nach raibh ar siúl agam ach cleasaíocht phléasc an bheirt acu féin amach ag gáire.

'*We think you are on your way to nirvana, not Namche,*' arsa Pemba go meidhreach. Tá Ang Wong Chuu ag rá liom gur thaitin an scéal leis. 'Ní fiú a bheith beo mura bhfuil fís agat,' arsa seisean. 'Is fiú d'fhís féin a leanstan,' a deirim, 'agus má bhíonn an t-ádh ort, tchífidh tú an t-éan, titfidh cleite na gaoise as an spéir agus tuigfidh tú gur fiú an tairbhe an trioblóid.'

Ar an chabhsa, cóngarach d'aerstráice Shyangboche, casadh cuid mhór páistí orainn ar a mbealach trasna an tsléibhe chun na scoile in Khumjung. Tá an siúl sa dúchas ag na páistí seo agus cha chuireann sé as dóibh beag ná mór an t-aistear achrannach seo a dhéanamh, lá i ndiaidh lae, ó Namche go Khumjung.

Go dtí le déanaí ba le feirmeoireacht, le tréadaíocht agus le trádáil a théadh bunús na ndaoine anseo. Ní bhíodh deis ar bith acu gabháil leis na gairmeacha léannta, le múinteoireacht, cuir i gcás, nó le heolaíocht, le dochtúireacht, nó le dlí. San am a chuaigh thart cha raibh d'oideachas leabhar le fáil ag an aos óg anseo ach an oiliúint a fuair siadsan a chuaigh isteach sna mainistreacha le bheith ina manaigh Bhúdaíocha. Chan oiliúint ghairmiúil a fuair siad ansin, ar ndóigh, ach teagasc sa diagacht. Is i dteanga na Tibéide a rinneadh an mhúinteoireacht ar fad sna mainistreacha. Sherpais, a bhfuil gaol gairid aici leis an Tibéidis, an teanga bheo atá i mbéal an phobail anseo. Labhraítear an teanga seo ach ní scríobhtar í.

An té a d'éirigh as an mhanachas agus a d'fhill ar shaol an tuata le teaghlach a thógáil, thug sé léann éigin leis as an mhainistir a chuaigh chun sochair dó ina dhiaidh sin i measc an phobail. Taobh amuigh de sin cha raibh scolaíocht ar bith le fáil abhus anseo go dtí gur bhunaigh Edmund Hillary bunscoil in Khumjung sa bhliain 1961. I 1983, de bharr éileamh an phobail, leathnaíodh an scoil le meánoideachas a chur ar fáil do dhaltaí na háite.

Ang Wong Chuu atá ag tabhairt an eolais seo domh agus deir sé liom go bhfuil obair éifeachtach déanta ag Hillary le biseach a chur ar shaol na ndaoine anseo. Tá sé ina dhia beag i measc Sherpaí agus ómós dá réir tugtha acu dó. 'We gave him Everest,' a deir Ang Wong Chuu go bródúil. 'He gave us education.'

Tá sé ráite, a deir sé, i mbéaloideas na háite gurb é an rud a dúradh le Hillary nuair a bhíothas ag achainí air scoil a bhunú d'aos óg an Khumbu anseo, 'Our Sherpa children have eyes but still they are blind.' Chuaigh sin go croí ann. Ó shin i leith tá sé ag cothú léargas an oideachais ina measc.

Anois tá scolaíocht bhunúsach ar mhórchuid na Sherpaí anseo, a deir Ang Wong Chuu agus tá sin ina chuidiú mór acu i dtionscal na treiceála agus na turasóireachta. Déantar Béarla a mhúineadh dóibh ar an scoil, a deir sé, agus Neipealais, teanga oifigiúil na ríochta. Téann cuid de na mic léinn ar aghaidh le hoideachas tríú leibhéal a ghnóthú in Kathmandu agus le hiarchéimeanna a dhéanamh thar lear. Chan i gcónaí a fhilleann siad, a deir sé, le fónamh a dhéanamh dá ndaoine féin.

Casadh fear aosta orainn cóngarach do Namche ag tógáil an aird agus bascáid mhór prátaí leis ar a dhroim. Spreag sin Ang Wong Chuu le scéal a insint dúinn. Sa chomharsanacht s'aigesean in Okhaldunga, a dúirt sé, bhí fear an-aosta ina chónaí i dtigh a mhic. Bhí an mac pósta agus buachaill beag aige féin agus ag a bhean chéile. Lucht gnó a bhí iontu agus seacht gcúraimí an tsaoil orthu. Bhí an t-athair in aois na leanbaíochta agus ní thiocfadh le duine é a fhágáil ariamh ina aonar nó bhí an baol ann go ndófadh sé an teach agus a raibh cruinnithe le chéile acu de mhaoin an tsaoil. D'éirigh siad dúthuirseach de bheith ag freastal air. Shocraigh siad go dtabharfadh an mac leis é suas an sliabh agus go gcaithfeadh sé le binn é áit éigin amuigh i mbéal an uaignis.

Chuir an mac an t-athair ina shuí istigh i mbascáid agus dúirt leis go raibh sé ag gabháil é a iompar suas go barr an chnoic, áit a raibh *gompa* cáiliúil suite. Bhí an seanfhear ar chiall na bpáistí, moill éisteachta air agus é ag cailleadh radharc na súl. B'fhurasta rud ar bith a chur in iúl dó. Suas an sliabh leo, an mac agus a athair á iompar aige i mbascáid droma. Lean an buachaill beag iad i ngan fhios dóibh. Sa deireadh shroich siad barr na binne. Nuair a bhí an mac ar tí an bhascáid agus an t-athair a chaitheamh leis an bhinn chuala sé an buachaill beag ag scairteadh leis, 'A Dheaidí, ná caith ar shiúl an bhascáid nó beidh sé de dhíth ormsa amach anseo le tusa a chaitheamh leis an bhinn.' Bhain na focail sin siar as. An é an chinniúint chéanna a bheadh i ndán dósan lá níos faide anonn, an gníomh fealltach seo a bhí beartaithe aige dá athair féin? Tháinig aiféaltas air. Thóg sé an t-athair, d'iompair ar ais abhaile é go cúramach agus thug aire fir uasail dó as sin go bhfuair an seanfhear bás nádúrtha.

'Is é an chiall atá leis an scéal sin,' arsa mise leo ar son grinn, 'ná go gcaithfidh sibhse aire an-mhaith a thabhairt do mo leithéidse atá ag gabháil anonn i mblianta.'

Chuaigh an bheirt acu i ngreim ionam, thóg glan ón talamh mé agus d'iompair mé ar feadh leathchéad slat, iad ag peataíocht liom an t-am ar fad amhail is dá mba sheanfhear cnagaosta mé, gan cos agam le seasamh air.

'Tá rud éigin le foghlaim againn ó gach duine a chastar orainn sa tslí, go háirithe ó sheanfhear óigeanta mar tusa,' arsa Ang Wong Chuu agus é ag baint an-spraoi as a bheith do m'iompar.

Bhí scíth bheag againn os cionn Namche, áit a raibh an t-aer trom le boladh cumhra an aitil. Dúirt Pemba linn gur chuala sé seanfhocal agus é ina pháiste a d'fhan i gcónaí ina chuimhne. 'Spréann cumhracht an aitil ar fud na gcnoc ach spréann dea-cháil an fhir charthanaigh i bhfad thar na cnoic.' Bhí an triúr againn ar aon aigne faoi sin. 'Triúr fear ar aon aigne,' arsa mise leo, 'dhéanfadh siad airgead as aoileach.' Agus sin ráite, shiúil an triúr againn, snaidhmthe ina chéile, síos go Namche, an cleite álainn − cleite an tseanchais − ag glioscarnaigh i bpóca mo bhrollaigh.

<hr />

Díonta de shíteanna stáin atá ar bhunús na bhfoirgneamh in Namche. Bhí loinnir álainn i nglaise, i ngoirme agus i ndeirge na ndíonta seo agus muid ag breathnú orthu ó chlós an lóistín. Ghealaigh an lá agus bhí an ghrian á tumadh féin go lúcháireach sna linnte beaga uisce a lonnaigh i lagracha na ndíonta.

Tá Kwange os mo choinne amach, múr ard sneachta a bhfuil cuil naimhdeach an tseaca ar a dhreach. Tá féitheog lomfhuar ataithe le feiceáil ag rith anuas aghaidh an tsléibhe. Sruthán torannach a bhíonn anseo sa teas ach inniu tá tost an tsiocáin ar an tsruth. Ach níl bailbhe ar bith ar an bhuíon d'ógfhir bhéalscaoilte as Birmingham na Sasana atá ag imeacht i gceann siúil go callánach ar a mbealach suas an sliabh.

'*From Birmingham, we are the best! We will never rest until we get to Everest.*' Bhí siad á chanadh seo os ard agus iad ag siúl suas an cabhsa. '*We came! We saw! We conquered the awe,*' an rud deireanach a chuala mé uathu sular imigh siad as raon mo chluaise.

Tithe dhá stór atá i mbunús na dtithe anseo. Tógtha le clocha, tá siad daingean, dea-dhéanta. Tchím carnán d'adhmad tine cnuasaithe in aice le gach teach. De bhrí go bhfuil Namche suite i bPáirc Náisiúnta Sagarmatha bíonn ar lucht an bhaile cúpla lá siúil a dhéanamh le hábhar tine a sholáthar. Ní cheadaítear d'aon duine crainn a ghearradh taobh istigh de dhlínse na páirce.

Tá Namche suite ar learg lom chreagach, na coillte a bhí thart air gearrtha le fada. Deir Ang Wong Chuu liom gur Nauche an t-ainm a thugann na Sherpaí ar an bhaile agus gurbh fhéidir gur leagan den fhocal *nakmuche* atá ann a chiallaíonn 'coill dhubh dhorcha.' Bhí rachmas éigin sa bhaile seo i gcónaí, a deir sé, mar go dtigeadh trádálaithe na Tibéide trasna an Nangpa La, bearnas sléibhe 19,000 troigh ar airde ó thuaidh ó Namche, lena gcuid olla, a gcuid salainn agus a gcuid *yak* a dhíol anseo le ceannaithe Namche.

Tá sé i dtrátha an seacht a chlog san oíche agus mé á scríobh seo i dteolaíocht na leapa, babhstar mór crua ar mo chúl ag tabhairt taca droma domh. Tá na buachaillí imithe amach chuig seó físeáin, scannán Hindi a bhfuil lucht aitheantais Ang Wong Chuu á thaispeáint ina dteach féin. Ach níl mise i m'aonar. Tá luchóg ag coinneáil cuideachta liom. Tá painéal de chláir éadroma ghiúise ina dhíonadh timpeall bhallaí cloiche an tseomra agus tá sise istigh ar a gcúl. Tá sí ag streachailt le rud éigin iontach trom, á stracáil trasna an urláir. Shamhlófá gur ag réiteach an tí atá sí, gur troscán atá á tharraingt aici anseo agus ansiúd. Tá brú uafásach oibre uirthi, de réir cosúlachta. Tugann sí sciuird suas an balla, scinneann sí anuas arís. Tá sí ag crúbáil ar chúl na gclár. Nuair a thugaim rap beag don bhalla toll seo i m'aice tig tost uirthi ar feadh tamaill. Anois caithfidh sé gur tháinig an teaghlach uilig isteach nó tá trup agus tuairteáil ar chúl na gclár ar fud fad an tseomra. Tá siad ag gíogarnaigh agus ag míogarnaigh thart ar na ballaí ionas go bhfuil imní ag teacht orm go dtiocfaidh siad i láthair le mé a ithe beo beathaíoch má thiteann néal codlata orm. Nuair a bhí mé beag bhíodh luchóga i gcónaí ag trupáil os mo chionn ar an tsíleáil, go háirithe sa gheimhreadh nuair a bhíodh an scioból ag ceann an tí lán de ghrán coirce. Ba é an tsíleáil a dtearmann oíche agus a n-áras siamsaíochta. Amanna théadh siad glan ar fiáin agus ní raibh a athrach de dhóigh ag m'athair ach éirí agus sá den scuab a thabhairt don tsíleáil lena suaimhniú. Ba mhinic agus mé i mo chodladh a bhíodh brionglóid agam gur thug siad fogha fúm. Ansin mhúsclaínn agus shílinn nach raibh ionam ach cnámharlach – go raibh mé ite, pioctha agus lite ag na luchóga. Ansin dhéanainn mé féin a scrúdú, thíos agus thuas, agus nach orm a bhíodh an t-iontas go mbíodh feoil ar mo chnámha go fóill.

Tá sé ina dheargraic acu anois ar chúl an adhmaid amhail is gur ag ionsaí a chéile atá siad. Ligeann cuid acu scread chaol, chrua, chreathánach astu a fhágann ar bharr amháin creatha mé. Léimim amach as mo leabaidh, beirim ar an steafóg de bhata siúil atá liom agus tugaim salamandar de bhuille anseo agus ansiúd don bhalla. Cluinim iad ag sciorradh ar shiúl ach i gceann achair ghearr tá siad ar ais níos dána ná ariamh agus an chuma orthu go bhfuil méadú tagtha ar a líon agus ar a dtionól. Tá mé i mo shuí anseo, an bata i gcúl mo dhoirn agam agus mé ag feitheamh ar cheann acu a smut a chur trí na cláir.

Tá na buachaillí ar ais anois agus ní dhéanfaidh a dhath maith do Pemba ach fanacht liom i gcaitheamh na hoíche le mé a chosaint ar chontúirt na luchóg. D'aimsigh Ang Wong Chuu cat mór breacliath, sochmaí i gceann de na lóistíní thíos an baile. Tá an t-ainmhí slim, slíoctha seo ag fáilíocht thart faoi bhun na mballaí, ag srónaíocht os íseal. Go tobann tá na luchóga ina dtost.

Is olc an luchóg nach bhfuil rud éigin le gnóthú uirthi, arsa mise liom féin, agus Pemba ag teannadh liom go fíochmhar, ag ligean air féin gur luchóg chraosach atá ann.

Amárach tabharfaidh muid ár n-aghaidh ar Lukla arís. Tá suíocháin curtha in áirithe agam ar eitleán beag de chuid Lumbini Air le muid a thabhairt ar ais go Kathmandu.

ghorapani

$\mathcal{F}$uair muid bus na maidine go Pokhara, bus de chuid Greenline, comhlacht príobháideach a bhfuil seirbhís laethúil á reáchtáil acu idir Kathmandu agus Pokhara. Bhí an bealach casta, corrach ach cha raibh sé chomh contúirteach leis an bhealach go Dhunche. Lena chois sin bhí suíocháin an bhus bog agus sócúlach agus cha raibh muid i bhfad amach as Kathmandu go raibh mé i mo chnap codlata.

Tá Pokhara ina shuí i ngleann locha faoi scáth Machhapuchhare nó *The Fish Tail* mar a thugtar go coitianta ar an tsliabh seo. I gcrot agus i gcló tá cosúlacht rubaill éisc air. Inniu níl nochtaithe den iasc sléibhe seo ach rian beag den ruball gléigeal sneachta. Tá an chuid eile tumtha i ndobhar duibheagánach ceo. Tá an chuid is rachmasaí de Pokhara, ceathrú na gcuairteoirí, tearmann na dturasóirí, suite ar bhruach an locha mar a mbíonn dhá thaobh na sráide ina margadh d'ollmhaitheasaí.

Tá cuid mhór de bhunadh na Tibéide, iadsan a tháinig trasna na teorann i ndeireadh na gcaogaidí nuair a ghlac an tSín seilbh ar a dtír, ina gcónaí anseo in Pokhara. Nuair a theith an Dalai Lama as Lhasa i 1959 thosaigh *diaspora* na Tibéide i ndáiríre. Tháinig líon mór acu go Pokhara, áit ar tugadh dídean dóibh i gcampaí teifeach. Tháinig Dervla Murphy anseo i dtús na seascaidí le lámh chúnta a thabhairt i gceann de na campaí seo. Tá cur síos cruinn ar Pokhara agus ar Neipeal sa leabhar tarraingteach a scríobh sí mar gheall ar an tréimhse a chaith sí anseo. Tá mé ag léamh an chuntais dialainne sin, *The Waiting Land: A Spell in Nepal*, anois agus mé i mo shuí i siopa beag a dhíolann sú torthaí, ag ól meascáin de thoradh méith na háite: bananaí, úlla, oráistí, anainn.

Tá mé ag ithe lóin sa Kumari Lodge ar bhruach an Burungdi Kola, leath bealaigh idir Birethanti agus Tikhedunga. Seo an chéad lá den treic go Ghorapani. Tá an ghrian ag doirteadh solais ar chuibhreann, ar shráid agus ar chnoc . . . tá an tír ag cur thar maoil le cúr teasa.

Ar maidin, díreach i ndiaidh a naoi, fuair mé féin, Ang Wong Chuu agus Pemba tacsaí ó Pokhara go Naya Pul. Sean*jalopy* a bhí inti a raibh saothar anála uirthi ar na malacha agus scút buinní uaithi ar na hísleáin.

'*My car, she is making bad,*' a dúirt an tiománaí go truamhéalach. '*She is going busty. I no like her busty in the mountain. She no good for business.*'

Ach in ainneoin gach stop agus gach stad, gach brúcht agus gach broim, thug sí muid go ceann an chúrsa in Naya Pul.

Ansin ar shiúl linn de shiúl na gcos, trasna na habhann – an Modi   Khola – agus suas an cabhsa i dtreo Birethanti. Casadh beirt Shasanach orainn agus iad ag tabhairt sciúradh na cuinneoige dá gcuid málaí droma agus dá gcuid cótaí clúimh ar bhruach na habhann. Tháinig siadsan anseo ar bhus a raibh bó air. Cuireadh ar an bhus í in áit éigin in aice le Naudanda. Cuireadh ar téad í thíos i dtóin an bhus, a cloigeann amach an fhuinneog chúil, a tóin leis na paisinéirí. Tharla sé go raibh an bheirt Shasanach ina suí sa tsuíochán ba ghaire di, na málaí droma ina mbábhún cosanta eatarthu ach leis an chroitheadh agus an tuairteáil a fuair an t-ainmhí bocht tháinig rith millteanach ar a cuid putóg agus fágadh na Sasanaigh agus a gcuid málaí báite i dtonn bhreacghlas sciotair. Bhí an ceart ar fad ag an treiceálaí as California, a chomhairligh domh in Kathmandu: '*Take a taxi, man. It's shit on the buses.*'

Bheadh an bua ag Birethanti i gcomórtas bailte slachtmhara gan aon dua. Tá an baile scuabtha, sciomartha, ordúil, gach gnó agus cónaí péinteáilte i ndathanna atá nádúrtha, tíriúil agus tarraingteach, dúghorm uisce fómhair, buídhearg talún treafa, glas smaragaide an fhéir úir, agus bán . . . bán atá ag gabháil chun glaise, chun doinne, chun deirge de réir mar atá an solas ag spraoi leis.

Tá muid anois i gceantar na gcabhsaí is na gcosán. Ó Bhirethanti ar aghaidh tá an cabhsa ag ardú an chnoic, céim ar chéim, gach céim tógtha go cúramach le clocha agus leagtha síos le leacacha. Níl de thrácht bóthair ar na cosáin seo ach daoine agus a gcuid ainmhithe. Daoine ag iompar gach cineál ualaigh: fodar agus féar an eallaigh, adhmad tine, burlaí troma éadaigh – cadás, sról, cáimric, níolón (ábhar cuirtíní agus cultacha, creidim) – cliabh lán cearc, síteanna stáin, ábhar díonta tithe. Agus ansin tá na miúileanna ann: lódáilte le málaí, cannaí, cásanna, bia, biotáille, ceirisín, riachtanais agus sólaistí strapáilte ar a ndroim. Seo traenacha earraí an tsléibhe. Bíonn siad suas agus anuas anseo gach lá: carbháin atá ceanndána agus stuacánta, a gcuid giollaí á ndreasú agus á ndeifriú. Tig siad chun tosaigh ceann ar cheann. Chuntas mé cúig mhiúil déag i mbuíon amháin. Tá siad gleoite, a gcuid cloigíní ag clingireacht i gciúnas na gcnoc, a gcuid crúb agus crúite ag clagarnaigh ar leacacha na gcosán. Fágann siad na cabhsaí breac lena gcuid aoiligh agus bréan lena gcuid múin ó Bhirethanti suas trí shléibhte Annapurna go Jomson.

Bím ag rá 'Namaste' le gach duine a chastar orm. 'Beannaím duit' is ciall leis. Tá mé cinnte go bhfuil bunadh na gcnoc anseo dúthuirseach de mo leithéidse a bhíonn ag namasteáil ó mhaidin go hoíche suas anuas na cabhsaí seo. Ar an dóigh chéanna a mbím féin bodhar de na 'Diaduiteanna' agus de na 'Diasmuireanna' a thig chugainn i gcaitheamh an tsamhraidh sa bhaile. Ach tá i bhfad níos mó foighde agus fulaingthe sna daoine seo ná mar atá ionamsa . . . Ar ndóigh, tá a mbunús ag brath ar thionscal na turasóireachta. Ní sparán trom croí éadrom mar atá a fhios againn uilig agus tuigeann siad go maith go gcaithfidh siad cur suas leis an ghalamaisíocht chainte seo ó mo leithéidí má tá siad le haon airgead a ghnóthú orainn.

'There are three religions in Nepal,' a dúirt mo chara Prem Timalsina liom, 'Hinduism, Buddhism and Tourism.'

Is aoibhinn liom a bheith ag siúl trí na bailte beaga codlatacha seo: Matathanti, Ramghai, Sudame, Hille, Tikhedhunga. Mar shuantraí, cuireann na hainmneacha mealltacha seo sámhán codlata orm . . . Tá bunús na ndaoine anseo beo le taca agus le tiubh na talún. Ná bí lom leis an talamh agus ní bheidh an talamh lom leat, a chuala mé ariamh. Tá na cuibhrinn coinnithe go néata, giollaíocht déanta ar gach orlach. Tá na daoine seo i dtiúin le casadh cinniúnach na bliana, le rithimí tomhaiste na séasúr. Seo an saol: cuibhreann, créafóg agus cnoc. Tá níos mó den mheigiliteachas ag baint leo ná mar atá den mheicneachas . . .

Tá scaifte Meiriceánach ag siúl suas romham, muid uilig ag tarraingt ar Hille agus iad ag *yabba-dabba-dooh*áil le hiontas faoi sheanaimsearthacht agus faoi ársaíocht an tsaoil anseo . . .

'We're a modern stone-age family from the town of Bedrock. We are a page right out of history.'

Tá an Neanderthal istigh ionainn uilig, ag seilg agus ag smúrthacht san áit is uaigní inár gcroí, faoi cheilt ag aghaidh fidil na sibhialtachta, mar dhea . . . agus nuair a bhriseann sé amach, ó am go ham, is cinnte nach mbíonn sé chomh saonta, simplí, soineanta le Fred Flintstone . . .

Casadh cuid mhór daoine orainn a bhí ag iompar cearc i gcléibhíní, á ndíol leis na lóistíní ar an bhealach. Taobh amuigh de Hille casadh fear orainn agus é i ndrochdhóigh. Lig sé amach na cearca le gráinnín bidh a thabhairt dóibh ach sháraigh glan air iad a chur ar ais sa chléibhín. Bhí sé ag rith timpeall, ag gabháil as a chiall ag iarraidh breith orthu . . . ach is beag toradh a bhí ar a shaothar. Ansin tháinig muidne i dtarrtháil air agus rinne muid iarracht a chuid cearc a cheapadh agus breith orthu. Ní raibh sé furasta. Bhí an t-aer lán de ghocarsach cearc agus bán lena gcluimhreach . . . sular éirigh linn an ceann deireanach a sháinniú . . . is a chur i gcléibhín.

Ó Tikhedunga ar aghaidh bhí an siúl dian go maith . . . maslach agus allasach . . . suas . . . suas . . . an staighre cam céimneach go hUlleri . . . Ach bhí an lá galánta agus an tír álainn.

Tig teacht an lae chomh fáilí le gadaí, le harraing de thinneas fiacla, ba chirte domh a rá, agus déantar mé a tharraingt as mo chodladh de gheit. Seo chugam Ang Wong Chuu le cupán tae agus grian a gháire. Ansin tig Pemba chugam, báisín uisce te leis dom le mé féin a bhearradh. Tá siad chomh dúthrachtach, dílis sin ina gcuid oibre is dá mba rí a bhí ina gcúram. Gan mhoill beidh siad ag cur mo cheirteacha orm agus ag ceangal mo bhróg.

Amharcaim amach ar fhuinneog an tseomra leapa . . . Anonn uaim, mar a bheadh scuab fiacla ann, tá ga gréine ag glanadh dhéad an tsléibhe . . . Anois tá na buaiceanna géara sneachta seo i mo thimpeall, sléibhte Annapurna, ina bhfiacla geala ag glioscarnaigh i ngrian na maidine . . . Agus cheana féin, go díreach mar a dhéanfá taos fiacla a fháisceadh as tiúb, tá an bhrí á brú asam, ag smaoineamh ar na malacha géarchrochta sneachta atá romham inniu ó Ulleri go Ghorepani.

'It is easy,' a deir Ang Wong Chuu liom go dóchasach. 'I will sing you up the mountain.'

Tá Ang Wong Chuu lán de chroí, lán de cheol, lán de chuideachta. Mar shruthán sléibhe tá fuaim an cheoil ag titim anuas leargacha a leicne i gcónaí, ag caismirnigh go binn idir charraigeacha déadgheala a chár . . .

Is minic é ag canadh 'Resham Pheeree Ree', amhrán mór de chuid na gcnoc:

Resham Pheeree Ree, Resham Pheeree Ree,
Udeyra jaunkee dandaa ma bhanjyang
Resham Pheeree Ree.

(A rún is a shearc mo chléibh, tá mo chroí ag cleitearnaigh i mbéal na gaoithe, níl a fhios agam an bhfanfaidh mé anseo ar bharr an tsléibhe nó an imeoidh mé ar eiteoga le teacht na hoíche).

Bhí oíche mhillteanach ann aréir – báisteach, toirneach, soilseach – gach craic thoirní ag casúracht ar shíte stáin na spéire nó ag déanamh smidiríní de dhrisiúr deilfe an dorchadais. Sin mar a samhlaíodh an stoirm domhsa, ar scor ar bith, agus mé cuachta suas go seascair i gcompord mo mhála codlata. Chuaigh mé a luí i dtrátha an seacht a chlog. Cha raibh tine ar bith acu sa lóistín do na turasóirí. Is beag solas a bhí acu ach oiread ach amháin lampa *tilly* sa choirnéal. Bhí an *tilly* seo chomh cantalach le seanchailleach phisreogach agus chomh doiligh céanna a shásamh. Char luaithe lasta an lampa seo go mbíodh sé ag tógáil boladh, ag siosarnaigh agus ag gabháil as le splutar bréan toite. Ach in ainneoin na stoirme chodail mise go sámh.

Ag an bhricfeasta dúirt an Gearmánach ard, fionn, tanaí a bhí ina luí sa tseomra béal dorais liom, *'Last night God was snoring like a big buffalo in the sky and you were snoring like a little buffalo in your bed.'*

⚜

Ó Ulleri ar aghaidh tá an tír faoi bhrat trom sneachta, gach crann agus cnoc, gach tor, sceach agus teach cuachta i mblaincéad bán an gheimhridh. Amanna bíonn an cosán caillte i ráthanna sneachta ach tá súil ghéar an Sherpa ag Ang Wong Chuu agus seachnaíonn muid an seachrán. Ní bhíonn sa chabhsa go minic ach lorg lúbach ag sní a chamchúrsa trí choillte darach, ródaidéandran, magnóilia, learóg, giúise . . . Anseo i measc na gcrann tá sé chomh ciúin, chomh tostach le mainistir de chuid na dTrapach . . . Níl le cluinstin ach tuaim tholl ár gcoiscéimeanna ag gabháil i bpoll slogthach sa tsneachta nó an scréachóg choille ag ligean amach a racht ard creathánach.

Cuireann an sneachta seo Nollaigí m'óige i gcuimhne domh, nuair a thigeadh an sneachta chugainn ó na sléibhte le machairí míne réidhe a dhéanamh de na haltáin, de na gleanntáin, de na maolchnoic.

Buachaill bó, Gatlang

Cathal faoi scáth an tsléibhe, Lamjura Bhanjyang

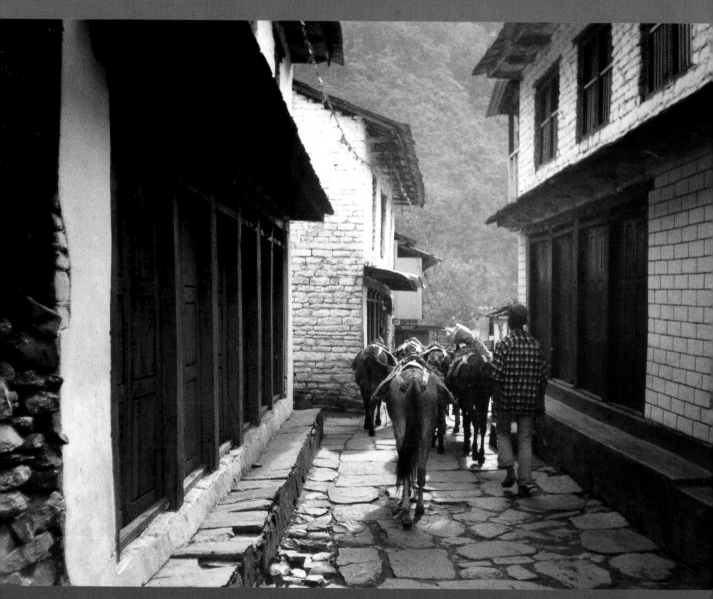

Pemba Thamang agus Ang Wong Chuu

Ag meilt mine, Birethanti

Fear déanta cliabh, Gatlang

2 chorten bhána, Bhandar

Clocha mani, Ghat

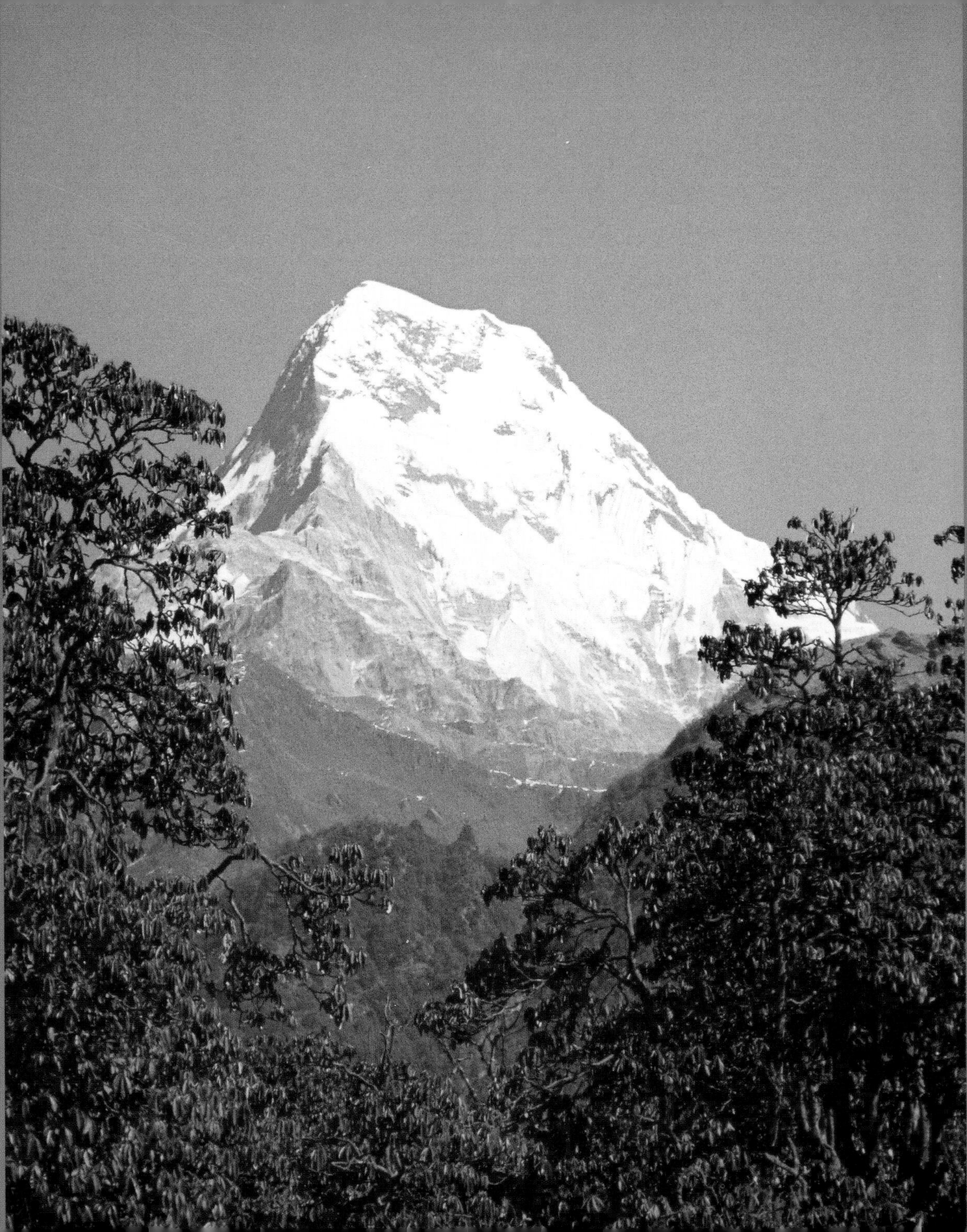

Sliabh sneachta, Ghorapani

Páiste, Junbesi

Buachailli Sherpa, Sete

Cathal agus Pemba Thamang

Saoi an tSléibhe, Gatlang

Is minic a shamhlaigh mé an t-am sin go raibh Dia thuas i gcisteanach mhór na spéire, é féin agus a chuid aingeal, agus go raibh siad ag cluimhriú géanna do dhinnéar na Nollag sna flaithis . . . agus nach raibh sa tsneachta ach cluimhreach na ngéanna sin ag titim anuas chugainn . . . Chan aon ábhar sóláis domh anois tuigbheáil nach raibh ansin ach saontacht na hóige . . . Mar anois tá mé níos faide ar shiúl ó Dhia ná mar a bhí mé nuair nach raibh mé ach i gceann mo thrí bliana:

I remember, I remember
The fir trees dark and high
I used to think their slender tops
Were close against the sky
It was a childlike ignorance
But now 'tis little joy
To know I'm further off from Heaven
Than when I was a boy . . .

Tá siúl seo an tsléibhe, an streachailt tríd an sneachta, dian agus doiligh. Caithfidh tú do rithim agus do luas féin a aimsiú agus a choinneáil. Caithfidh gach coiscéim a bheith mall, righin, tomhaiste. Is mór an cuidiú domh féin *'Om mani padme hum'* a rá os íseal agus mé ag dreapadh droim sneachta. Díríonn sé m'aigne ar chabhsaí sleamhna seo na mbeann agus cabhraíonn sé liom análú i gceart. Ach ab é an mantra seo ní bheadh tarraingt m'anála ionam. Seo mantra an tsléibhe.

Tá mé á scríobh seo sa Hill View Guest House, Ghorapani, do mo ghoradh féin os comhair na tine. Tá scaifte beag cruinnithe thart ar an tine, sorn mór, ar dhéanamh bairille, suite i gcroílár an tseomra suí. Tá fear óg as an Astráil ina shuí in aice liom, é sáite i leabhar . . . *The Power of Compassion* leis an Dalai Lama . . . ceol géar grágach ag callánú chugam óna chuid cluasán . . . na Sex Pistols, sílim. Bhal, is léir go bhfuil sé ag baint sásamh as an chomhluadar: Sid Vicious i bpáirtíocht leis an Dalai Lama! Is cinnte go bhfágann sin an aigne i bponc . . . Tá sé tábhachtach go mbeadh muid uilig ag trasnú teorainneacha . . . ag siúl sa tsamhlaíocht . . . Dírigh i gcónaí ar na réaltaí. Cha shroicheann tú iad ach rachaidh tú níos faide ná an té nach bhfuil ach ag díriú ar phota an tsimléir . . .

I dtrátha an trí ar maidin mhúscail mé as codladh a bhí corrach go maith agus chuala mé an ceol ba dhólásaí, ba dhuibhe, ba dhiamhraí dár chuala mé ariamh i mo shaol. Cha dtiocfadh liom a bheith cinnte cé acu caoineadh na marbh a bhí ann nó cantaireacht na mbeo. D'éirigh an ceol as na duibheagáin, más ceol ba cheart domh a ghlaoch ar an fhuaim fhada, fhuarghaoithe a bhí ag guairneán i mo thimpeall, an siorradh sceirdiúil seo a tháinig chugam ó mharbhthráth na hoíche.

Cha raibh ann ar dtús ach *tone* íseal, toll a mhéadaigh diaidh ar ndiaidh ina chling ghéar, ghlinn. Shamhlófá ar dtús gur gong a bhí in úsáid ach de réir mar a threisigh an fhuaim seo ba mhó de scála stáin a shamhlófá leis an uirlis a rabhthas á bhualadh.

Ansin thosaigh an crónán brónach a bhí seal ina shrann, seal ina shiosarnach, seal ina sheabhrán. Níor chuala mé ariamh a dhath cosúil leis. Bhí mé i mo luí ar mo leabaidh agus gan cor asam ag éisteacht leis an cheol ghintlí seo a chuir uaigneas orm ar dtús agus uamhan ina dhiaidh sin. Bhí draíocht draoi ag cér bith a bhí amuigh ansiúd san oíche agus bhí mise go huile agus go hiomlán faoi gheasa aige.

Mhothaigh mé an ceol ag gabháil i bhfostú ionam, ag glacadh seilbhe orm, ag gliúrascnaigh i mo chloigeann, ag sní trí mo phutóga. Cha raibh i bhfad go raibh an t-allas ina rith liom amhail is dá mbeinn i bhfiabhras. Chonacthas domh go raibh an chantaireacht dhúfhoclach seo ag oibriú orm mar a bheadh purgóid ann, go rabhthas ag fáisceadh rud éigin urchóideach asam, go rabhthas ag ruaigeadh na dtocsainí agus na ndeamhan as mo chorp. Ní cuimhneach liom cén uair a tháinig néal codlata orm ach nuair a mhúscail mé arís i dtrátha an cúig mhothaigh mé fuinneamh as pabhar ag cúrsáil i mo chuislí. Bhí tuirse na siúlóide ar shiúl as mo chnámha agus mé i mbarr mo mhaitheasa.

Bhí Ang Wong Chu agus Pemba ina luí sa tseomra béal dorais ach níor chuala siadsan an ceol ar chor ar bith. Nuair a d'fhiafraigh mé de chuid de na daoine eile a bhí ag fanacht sa lóistín ar chuala siadsan a dhath de cheol aisteach na hoíche, rinne siad miongháire beag magúil agus mhaígh duine acu gurbh fhéidir gur *hashish high* a bhí agam.

Níl a fhios agam cá has a tháinig an ceol úd murar *shaman* de chuid an tsléibhe a bhí ann ag cleachtadh ealaín na hasarlaíochta i ndoimhneacht na hoíche. Cér bith ortha a bhí sé a dhéanamh chuaigh sé chun tairbhe domhsa sa chruth go raibh brí thar na beartaibh ionam ar feadh uair an chloig nó mar sin i ndiaidh domh éirí as mo leabaidh.

I dtrátha 5.30 a.m. agus gan é fós ina lá thug muid ár n-aghaidh ar Poon Hill, bunchnoc os cionn Ghorapani a bhfuil cáil air de bharr go bhfuil raon leathan radhairc ón láthair sin ar an chrios sléibhe atá ag timpeallú ó Dhaulagiri thar shléibhte Annapurna go Manaslu.

Bhí sé ina mhórshiúl suas an cnoc leis an líon daoine a bhí ag tarraingt ar a bharr, iad ar fad ag tnúth le héirí glórmhar na gréine a fheiceáil ag beannú na mbeann. Ghlac sé uair an chloig orainn an barr a bhaint amach ar chosán a raibh titim trom sneachta ina luí air.

A leithéid de thaispeántas mórthaibhseach solais a tugadh dúinn nuair a bhris an lá. Ar dtús dheargaigh na scamaill ag bun na spéire. Shamhlófá gur mianach de chineál éigin a bhí iontu is gur i gcraos tine a bhíothas á mbruith. Diaidh ar ndiaidh shíothlaigh an t-ábhar leáite seo anuas as an spéir ionas go raibh barr gach sléibhe ina chírín dearglasta. Ansin tháinig an ghrian i gcraobh agus d'aibigh an solas i dtobainne. Chonaic mé í ag sileadh shúlach méith na maidine ar na hardchríocha reoite seo, á ndathú agus á séimhiú le lí na sailchuaiche, le tromdhearg sú craoibhe, le crónbhuí oráiste. Ar ball spréigh sí solas a raibh luisne an labhandair ann, solas a bhí chomh caoin, fíneálta le snaschraiceann síoda. Spréigh sí an solas seo, an scairf ghlé seo, trasna bharr na mbeann ó Dhaulagiri go Manaslu. Ag an am céanna chlúdaigh sí na bunchnoic le fallaing veilbhite a raibh dealramh na cré-umha inti in amanna agus dath an tsionnaigh inti in amanna eile.

Sheas muid ansiúd go hómósach, oilithrigh na luathmhaidine, go dtí gur ghealaigh an lá is gur tháinig deireadh leis an taispeántas.

Bhí sé ina mheán lae sular fhág mé féin agus na buachaillí Ghorepani. Faoin am sin bhí an ghrian in ard na spéire agus an teas cineálta. Bhí fána an tsléibhe linn ach má bhí féin bhí an teacht anuas i bhfad níos maslaí ná an ghabháil suas, ar an ábhar go raibh an cosán ina ghloine dhubh shiocáin agus gur dhoiligh cos a choinneáil ar na céimeanna sciorracha, sleamhna.

Ach ab é go raibh greim docht ag na buachaillí orm bheinn sínte ar shlat chúl mo chinn go minic. Chuir sé iontas orm cé chomh siúráilte, cosdaingean a bhí a gcoiscéimsean ar bhuidéal sleamhain an chosáin. Ó Ulleri anuas go Tikhedunga cha raibh sneachta ná siocán ar bith ar an staighre crochta, clochach ach mura raibh féin ní furasta a bhí an teacht anuas. Bhí gach coiscéim chomh tíoránta is dá mbeifí ag sá snáthaidí géara isteach i gcúl na gcos. D'fhág sin go raibh mo shiúl iontach anásta, cos thall agus cos abhus agam ag iarraidh an phian a bhí i mo mhurnáin, i mo cholpaí agus suas fad mo leise a mhaolú.

In Hille dúirt mé leis na buachaillí siúl leo chun tosaigh agus go mbuailfinn leo in Birethanti ar ball. Bhí fonn orm moilleadóireacht a dhéanamh i dteas meala an tráthnóna agus scíth a thabhairt do na cosa i ndiaidh an mhasla a thug mé dóibh anuas ó Ulleri.

Áit éigin idir Sudami agus Matathanti agus mé ag siúl sa tanalacht cois na habhann, chonaic mé buachaill thíos uaim á ní féin sa tsruth. Bhí sé ina sheasamh san uisce á sciúradh féin le bréid, a chraiceann ciar cnó coille ag glioscarnaigh i mbuíú na gréine. Bhí an chosúlacht air go raibh sé ag tarraingt an tsolais chuige féin, á bheannú lena ghrástúlacht agus ansin á scaipeadh ina thimpeall go fial.

Bhí an linn uisce ina raibh sé á ní féin istigh i gclúid folaigh idir na carraigeacha. Ach ab é gur chor mé i leataobh ón chosán ní fheicfinn é ar chor ar bith. Amhail is gur seachrán sí a tháinig orm is gur shiúil mé isteach i bhfearann rúin, i ngrianbhrú solais nach den tsaol seo, fágadh mé i bhfochair an ógfhir álainn seo.

Tháinig mé air go tobann ach d'fháiltigh sé romham go croíúil. Shuigh mé síos ar chloch lena thaobh, fuaim thréan na habhann ina dhordán diamhair inár dtimpeall. Krishna an t-ainm a bhí air agus bhí sé ocht mbliana déag d'aois. Le breis bheag agus bliain bhí sé ag obair mar ghiolla cisteanadh i mbialann cois locha in Pokhara. Bhí sé ag tarraingt ar an bhaile i gcomharsanacht Ghorapani le cógas leighis dá mháthair a bhí an-bhreoite le tinneas an ghoile.

Bhí sé chomh dóighiúil, dea-chumtha sin gur mhór an pléisiúr a bheith ag breathnú air. Nuair a chonaic sé go raibh mé á choimhéad, rinne sé gáire beag cúthalach agus bhain sé searradh tobann as féin a thaispeáin cé chomh tathagach agus a bhí sé i gcorp agus i gcnámh. Ansin shín sé an bhréid fhliuch chugam agus d'iarr orm go béasach a dhroim a spúinseáil sna háiteanna nach raibh teacht aige féin orthu. Ó chúl a chinn agus síos idir a shlinneáin, ó learg a dhroma go cuar a mhás chuimil mé agus chíor mé, shlíoc mé agus scríob mé a chraiceann mín, síodúil gan smál. Nuair a sháigh mé an bhréid síos faoi shreang theann a chuid *shorts* agus d'fháisc an t-éadach tais thar a mhása, mhothaigh mé creathán ag gabháil tríd.

'*Cold, sir,*' arsa seisean, snag ina anáil. Bhí a fhios agam gur bhorr rud éigin ann. Chúlaigh sé suas i m'éadan, a thóin liom.

Tharraing mé chugam an tuáille a bhí spréite aige os ár gcionn ar an charraig agus thosaigh mé á thriomú go tréan. Ba léir domh go raibh sé ag baint sásaimh as an tsuaitheadh coirp seo a bhí mé a thabhairt dó nó luigh sé isteach liom go ceanúil.

'*You marry, sir?*'

Bhí mé ag sníomh an tuáille anonn agus anall, ag muirniú chnámh a uchta.

'*No,*' arsa mise. Threisigh mé an chuimilt, ag cur cigilte ann.

'*You have girlfriend?*'

'*No.*' Sciorr mé an tuáille thart ar íochtar a bhoilg.

'*You are alone, sir?*'

Bhraith mé, ar dhóigh éigin, go raibh an cheist sin crochta ar ghéag a fhiosrachta chomh dearg, aibí le húll na haithne. '*Yes,*' a d'fhreagair mé.

Thiontaigh sé thart chugam, a dhá shúil mhaotha lán de mhairg. '*Alone not good, sir.*'

Bhí sé ina sheasamh ansin ag amharc orm go himpíoch, greim docht aige ar mo lámh. Bhí an buachaill álainn seo, an dia óg seo i gcruthaíocht dhaonna ar bharr amháin creatha ag feitheamh liom lámh a leagan air, cuireadh a thabhairt dó chun na coille, b'fhéidir, áit a dtiocfadh linn beirt síneadh síos le chéile in uaigneas úrghlas na gcraobh.

'*You like, sir?*'

Anois bhí an borradh ina bhríste beag i mbarr a mhéide, toirt ann agus téagar. Bhí sé ina sheasamh fá chúpla orlach domh, á ghéilleadh féin i mbeart agus i mbriathar, a anáil ag teacht te agus tapa ar m'aghaidh, a chumhracht úrnite ag éirí chugam ina mhusc mealltach.

Ach choinnigh rud éigin cúl orm. Thaitin a shéimhe liom, a shoineantacht, an solas a bhí ag suáilciú a dhreacha. B'fhearr liom go mór aithne na haigne a chur air sula gcuirfinn aithne na hadhairce air. Is breast liom eachtra na gcúpla bomaite nach mbíonn ann ach sileadh síl agus slán. B'fhearr liom go mór go rachadh muid i dtaithí ar a chéile, go dtiocfadh méadú ar ár ndáimh le ham. Ansin bheadh gaol na gcéadfaí agus na gcnámh, dá mba thoil leis a leithéid an uair sin, ina phléascadh aoibhnis. Thar aon rud eile bhí eagla orm go dtitfinn i ngrá leis. Gan focal a rá phioc mé suas a léine agus a bhríste agus shín mé chuige iad. Chonacthas domh gur tháinig ceann faoi agus náire air ansin cionn is ligean leis féin chomh réidh os mo chomhair.

'Sorry, sir. I'm always thinking sex but I no have first time yet.'

Bhí sé ag teannadh na beilte timpeall a choime agus ag ceangal chnaipí a ghabhail. I ndiaidh dó a léine a fháisceadh anuas ar a chorp agus a chóta clúimh a *zipp*eáil suas, rug mé barróg air agus d'fháisc mé le m'ucht é.

Ansin shuigh muid síos ar chloch ar bhruach na habhann, mo lámhsa crochta thar a ghualainn, a lámhsan cuachta faoi mo choim, muid beirt inár dtost, ag amharc ar an tsruth glasolóige ag tuile tharainn. Nuair a d'amharc mé i leataobh air bhí luisne gréine ag lasadh a ghnúise.

'You are very beautiful,' a dúirt mé leis.

'Thank you, si–' Bhí sé ar tí 'sir' a rá ach rinne sé athmhachnamh. D'fhéach sé orm, toibreacha donna a shúl ag cur thar maoil le gean. Chonaic mé m'ainm ag fabhrú ina bhéal. Chonaic mé é á thriall go tostach, á thástáil ar a theanga. Ansin tháinig sé leis, stadach ar dtús, ar nós smolacháin ag fágáil a neide, ag tabhairt na spéire air féin go critheaglach den chéad uair. 'Ka-Ka-tha! Kaa–thal . . .'

D'éalaigh éinín beag m'ainm as a bhéal ar eiteoga na meidhre. B'aoibhinn liom m'ainm a chloisteáil ag teacht beo beathaíoch as a bhéal, an suaitheadh séimh a thug sé do gach siolla. Mhuirnigh sé m'ainm ar leabaidh a theanga. Leis an athrú sin ó 'sir' go 'Kaathal' thug ár ngaol coiscéim fathaigh chun tosaigh. Chan ag caint le coimhthíoch a bhí sé anois ach ag comhrá le cara.

D'admhaigh sé gurbh fhearr leis i bhfad cumann a bheith aige le fear seachas le bean ach gur bheag seans a bheadh aige lena mhian a shásamh i Neipeal. Bhí brú an phósta air fosta agus dá bhfanfadh sé ina thír féin dhéanfaí cleamhnas dó lá níos faide anonn agus chaithfeadh sé bean a ghlacadh chuige féin. Ní raibh sé ag súil leis an lá sin ach ar nós gach buachaill Brahman chomhlíonfadh sé a dhualgas teaghlaigh. Phósfaí é agus thógfadh sé clann. Ar an dóigh sin bheadh a thuismitheoirí sásta leis. Chuirfeadh sé a cheann isteach i sealán an phósta agus dhéanfadh sé mian a chroí a thachtadh. Bhí sé á insint seo ar fad domh, a dúirt sé, i modh rúin agus fosta leis an fhadhb chásmhar seo a chur dá ucht. Ní raibh deis aige, a dúirt sé, é féin a nochtadh chomh fírinneach seo d'aon duine ariamh. Nuair a d'inis mé dó gurbh ionann an bheirt againn inár gclaonadh gnéis, leath na súile air le hiontas agus lig sé liú fiáin áthais as féin, ar mhéad a lúcháire gur casadh bráthair gaoil air sa deireadh. B'iontach leis an seans aisteach seo a thug muid i gceann a chéile ar bhruach an Bhurungdi Khola. Ba seo, a dúirt sé, an lá ba chinniúnaí dá shaol. Ansin leag sé a cheann álainn ar mo ghualainn go cumhúil. Bhí deoir ina shúil. *'Maybe we no meet again ever. You go your country and forget me.'*

Gheall mé dó nach dtarlódh sin agus i gcruthúnas m'fhocail thug mé mo sheoladh in Éirinn dó. D'inis mé dó go mbeinn ag filleadh abhaile i gceann dhá lá ach go gcasfaí ar a chéile sinn nuair a thiocfainn ar ais chun na tíre. Idir an dá linn ní bheadh aon rud eile á thaibhreamh dó, a dúirt sé, ach an bheirt againn i bpáirtíocht na leapa. Bhí sé sna flaithis bheaga le háthas. Ghabh sé na tulcaí buíochais liom as ucht an bhronntanais bhig airgid a thug mé dó. Bhí sé ag croitheadh a láimhe liom go dtí go ndeachaigh mé as radharc i lúb na gcrann.

Bhí an oiread sin fuadair fúm ag déanamh ar Birathanti gur baineadh na seacht dtuislí déag asam ar chéimeanna crochta an chosáin. Ach amhail is dá mbeadh *bounce* liathróide rubair ionam bhí mé ar mo chosa arís gan stró, ag bocléimnigh liom go háthasach. Chuir ar tharlaigh cois na habhann luas agus léim na hóige i mo steip.

Ar shlí na seirce tá mé ag sciorradh fosta, ag titim i ngrá le gach coiscéim dá dtugaim . . .

*T*á mé á scríobh seo san aerfort in Kathmandu fad is atá mé ag fanacht ar fhógra le dul ar bord an eitleáin go hÉirinn.

Ar ball, d'fhág mé slán caointeach, cumhúil ag Ang Wong Chuu, Pemba Thamang, Prem Timalsina agus Shantaram Sapkota. Thionlaic siad mé amach go dtí an t-aerfort. Bhí sé doiligh scaradh leis na daoine geanúla seo a chuir cor úr i mo chinniúint. Dá dtiocfadh liom fanacht ina measc dhéanfainn é sin go fonnmhar ach tá orm mo bheatha a shaothrú agus airgead a chnuasach i mo thír féin sa dóigh go mbeidh mé ábalta teacht ar ais anseo an bhliain seo chugainn. Dá mbeadh bun maith airgid fúm is cinnte go bhfanfainn anseo ar feadh achar níos faide. Dá mba rud é gur mar seo a bhí agus nach mar siúd . . . Ach dá mbeadh magairlí ar d'aintín ní d'aintín a bheadh inti ach d'uncail.

Thug Prem Timalsina dealbh bheag de Ganesh, dia an chinn eilifinte, domh agus mé ag fágáil slán aige. Seo dia na dea-mhéine, dia an ratha agus an rathúnais. Ba dheas an tabhartas é agus mé ag gabháil i gceann m'aistir. Tá sé anseo ar an tábla os mo chomhair agus mé ag scríobh, ag féachaint orm go Ganeshúil. Braithim go bhfuil sé ag cur rudaí in iúl domh. Tá a chloigeann mór, cloigeann mór na céille, ag cur i gcuimhne domh go gcaithfidh mé mo chuid smaointe a fhorbairt is a chur i bhfearas sula mbeidh toradh fónta orthu. Tá a chluasa do mo bhiorú is do mo spreagadh le cluas éisteachta a thabhairt do thuairimíocht nua, gan dóigh a dhéanamh de mo bharúil chúng féin. Tá a shúile beaga cruinne ag taispeáint domh cad é an dóigh le m'aire a dhíriú ar mo chuid oibre sa tslí go ndéanfaidh mé mo ghnaithe go críochnúil. Tá a bhéal teannta ag comhairliú domh níos lú cainte a dhéanamh agus níos mó éisteachta. Tá a shrón fhada ag meabhrú domh a bheith oscailte, fiosrach.

Is beag ár gcumhacht ar ár gcinniúint ach amanna bíonn sé d'ádh orainn teacht trasna ar ortha nó ar chloch nó ar dhealbh a neartaíonn ár ndóchas is a thugann díonadh dúinn ar an anachain. Leagaim mo lámh ar Ganesh in iúl is go dtabharfaidh sé slán mé as gach gábh. Tá mé faoi gheasa aige. Tá a fhios agam i mo chroí istigh go dtabharfaidh sé mé ar ais go Neipeal . . .

Éigse an tSléibhe

As anáil ag ardú an tsléibhe–
mo scáile chun tosaigh
ag tabhairt uchtaigh

Boladh tromóil
ag éirí ó bhothóg an tréadaí–
an ghealach ina luí ar chúl a cinn

Ar chosán na gcnoc
cailín crom faoi ualach connaidh–
a hamhrán ag glioscarnaigh le hallas

Buachaill álainn déadgheal–
a gháire ag lasadh an lóistín
nuair a theip ar an tsolas

An fuacht ag gabháil go beo ionam–
amuigh i ndeireadh na hoíche
siocann scairt an choiligh

Maidin chiúin gheimhridh–
cuireann scréach na ngéanna fiáine
na biríní seaca ar crith

An féileacán glébhuí a thuirling orm
i mbearnas uaigneach an tsléibhe–
d'fhuadaigh an ghaoth ar shiúl é

Ag feitheamh ar leannán rúin
sa dorchadas i dtóin an ghleanna–
na réaltóga ag sméideadh orm

An sean*sadhu* ina chodladh
faoi íomhá de Ganesh–
ga gréine ag líonadh a bhabhla bacaigh

I marbhtheas an mheán lae
an t-allas ina rith léi, seanbhean
ag fuarú na bó lena hanáil

Ag baint sásaimh as an ghealach lán
go dtig páiste gortach chugam–
a bolg folamh ag dorchú na hoíche

An crann marbh i mbarr an mháma–
tráthnóna inniu sa stoirm
bhláthaigh bratóga sneachta ar a lomghéaga

172

Cnoc ar chnoc carnaithe os mo chionn–
tógann bláth beag gorm mo chroí,
é ag aoibhniú chugam ó íochtar leice

Ó bhuaic ghlé an tsléibhe seo
féachaim síos ar dhomhan dorcha na mbeo,
tá an bealach ar tháinig mé caillte i gceo

Lasmuigh den fhuinneog
tá an tráthnóna ag titim ina chodladh
idir chíocha na gcnoc

Do shúile dubha dorcha–
sméara cumhra
ar thaobh mhalaidh sléibhe

173

Breacaim focla ar pháipéar–
faraor níl siad chomh soiléir
le script ghlas an chaonaigh ar chloch

Ar bhuaic an tsléibhe, teangacha glóracha
an tsaoil a nglóiriú féin–
buanaíocht ag an tsliabh orthu

I ndiaidh an mhalaidh a ardú
tháinig néal orm cois claí–
néal eile a dhúisigh mé. Néal báistí.

Maidin lom. Ar an chosán chrochta,
manach óg. A chloigeann bearrtha maol.
A shúile ar an ród rite roimhe.

174

I mbéal na maidine
réitíonn préachán cársánach
a sceadamán

Ag scaradh leat sna sceacha–
an ghaoth ag bogosnaíl
tríd an tseanghairdín lom

Teach tréigthe sa tslí–
neantóg ina seasamh i mbéal an dorais
ag pórú a sleachta sa ghaoth

Oíche sheaca sna cnoic. Ó bhinn tí,
corrán ag glinniúint anuas chugainn–
an ghealach sa chéad cheathrú

Boladh na tine ag éirí ina ghal
ón ghiolla óg téagartha. I bhfuacht na maidine
déanaim mo ghoradh lena thaobh

An t-athair mór ag féachaint go cumhúil
ar dhlaíóg mhullaigh an tseantí ag titim sa dusta–
an garmhac ag tógáil as an nua

Tá an sioc i bhfostú i m'fhocla–
ar an tábla tá gealán gréine
ag téamh m'fhoclóirín phóca

I mo shuí anseo ag an fhuinneog
is mise an fiántas ag féachaint amach
ar thíriúlacht an tsléibhe

An ghealach ag lasadh na gcnoc–
ag an fhuinneog tá a solas fiáin
ag cur mearadh ar m'aigne

Go mall righin
siúlann seanbhean suas an tsráid–
cactas ag bláthú

Dul faoi na gréine–
féachann cailín dall
tríd an fhuinneog

I ngorta an gheimhridh
itheann an préachán críonna
cac na gcaorach

I ndiaidh domh
seasamh ar chiaróg
bheannaigh mé do neantóg

A leithéid de chiúnas–
sa mharbhtheas, cluinim
cloch ag srannfaí

Os comhair na fuinneoige–
tá an solas ag cur smideadh ómra
i ndreach drochdhathach na maidine

Ar bharr an tsléibhe
greamaithe de thor aitil–
ticéad páirceála

Ag an fhuinneog aréir
bhí m'aigne ina spéir ghealaí
spréite ar pháipéar

A phóg trom agus tais—
ar maidin mús an aitil
do mo chumhrú go Chomoa

Na smaointe atá ar eite i d'aigne
cha dtig iad a cheapadh ar pháipéar—
ní fhágann na héin lorg ar an spéir

I mo shuí anseo go tostach
ag baint sú as glasfhás na ngort—
fásann féar cumhra ar mo smaointe

An mionsábh ina shliseoga geala
ag sileadh ó phlána an tsiúinéara,
    ag cumhrú an chlóis.

        Ar a chúl, an ghrian ag siséaladh
        an tsolais, an lá ina rollóga ómra
        ag buíú an ghleanna.

            Dhéanfadh sé do shúile duit, a dúirt sé,
                d'aghaidh a thabhairt ort féin
                os comhair na fuinneoige seo.

            Dhéanfadh sé mo shúile domh, arsa mise,
                m'aghaidh a thabhairt ar an tsolas seo
                atá ag cur teaspaigh i maidin na gcnoc.

Sileann an solas as a shúile,
bainne milis a mhéine,
dáileann sé orm é
i gcrúiscín geal a gháire.

Sileann an solas as a shúile,
fíoruisce glé a ghrá,
sníonn sé trí mo chéadfaí
á nglanadh is á ngealadh

Beirt bhuachaillí,
cairde cléibh,
lámh ar lámh
i dtámhtheas an tráthnóna
dreapann siad
cosán an tsléibhe
go cuideachtúil,
a ngáire sámh
ag cloí liom
is iad ar shiúl sa tsiúl.

Tig crith ar mo lámh
is mé ag cuimhneamh
ar bheirt bhuachaillí–
luisne na gréine
orthu dís
ag baint aoibhnis
as a gcuideachta féin,
iad lámh ar lámh
ag ardú sléibhe
i dtír i bhfad i gcéin–
blianta blianta ó shin.

Cois tine an mháthair
mhór ag cíoradh
a foilt fhada liath

I gclúid na coille
spréann an ghealach
a dlaoithe solais

ar na crainn

Maidin chiúin.
Ón charn créamtha
toit na gcnámh

ag éirí in airde.
'Sí an spéir anois,'
arsa seisean go sámh,

'mo leannán rúin.'

An buachaill ciúin, cnódhonn, cineálta
ar ghéilleas dá mhéin is dá shnó,
tá sé ag fanacht liom sa cheo ag Ailt na Bothóige.
Le gach coiscéim dá dtugaim ina threo, téim in óige.

Chan cuibhreann coirce
atá sa chroí seo, a chuisle

ach ina dhiaidh sin agus uile
nuair a d'fhéach tusa orm

le do shúil ghorm uisce fómhair
d'aibigh a raibh istigh ionam;

Tháinig lí ómra an choirce
i gcraobh i mo chroí.